皮书研究系列（10）

中国式现代化进程中的皮书研创、出版与传播

RESEARCH,CREATION,
PUBLICATION AND
DISSEMINATION OF
PISHU IN THE PROCESS OF
CHINESE-STYLE MODERNIZATION

主 编／冀祥德

副主编／蔡继辉

社会科学文献出版社
SOCIAL SCIENCES ACADEMIC PRESS (CHINA)

目录
Contents

特

稿

以皮书的高质量发展助推
中国式现代化建设*

甄占民

尊敬的孙洪山副省长，各位领导、各位嘉宾、各位专家学者：

在全党全国各族人民深入贯彻党的二十大精神、开启全面建设社会主义现代化国家新征程的背景下，我们相聚革命英雄城市南昌，以"中国式现代化与皮书高质量发展"为主题，举办第二十三次全国皮书年会，非常有意义，也非常令人欣慰。在此，我代表中国社会科学院也代表高翔院长向出席本次年会的各位嘉宾和专家学者表示热烈的欢迎！向为本次会议的顺利召开给予大力支持的江西省委、省政府和具体承办本次会议的江西省社会科学院表示衷心的感谢！对中宣部出版局、全国社科工作办长期以来对中国社会科学院皮书品牌的大力支持表示诚挚的敬意和谢意！

概括提出并深入阐释中国式现代化理论是党的二十大一个重大的理论创新，也是科学社会主义的最新重大成果，在不久前举办的新进中央委员会的委员、候补委员和省部级主要领导干部研

---

* 根据甄占民副院长在第二十三次全国皮书年会上的讲话录音整理而成。

讨班开班式上，习近平总书记站在新时代新征程党和国家事业发展全局的战略高度，贯通历史和现实、国际和国内，全面系统深入阐述了中国式现代化的一系列重大理论和实践问题，进一步深化了我们党对现代化规律的认识，丰富和发展了世界现代化理论，开辟了马克思主义中国化时代化新境界，也使中国式现代化更加清晰、更加科学、更加可干可行。推进中国式现代化是一项前无古人的开创性事业，是一个从各方面不断深化探索的历史进程，对于哲学社会科学来讲，它给理论创造、学术繁荣提供了重大机遇和广阔空间，也提出了新的使命和更高要求。

皮书研创工作是哲学社会科学工作者开展应用对策性研究的重要途径，是服务党和政府决策、服务经济社会发展的重要载体，有责任也有义务聚焦中国式现代化的时代主题，立足中国、借鉴外国、挖掘历史、把握当代，以自身的高质量发展服务现代化建设的伟大实践，为强国建设、民族复兴提供有力的思想智慧和学理支撑。为此，我感到以下几点非常重要。

第一，强化对中国式现代化探索历程和重大成果的研究阐释，着力凝聚在党的领导下走好中国道路的信心和力量。

中国式现代化是我们党领导人民在长期探索和实践中历经千辛万苦、付出巨大代价取得的重大成果，一百年来党领导人民所进行的一切奋斗就是为了把我国建设成现代化强国、实现中华民族伟大复兴。党的十八大以来，党对全面建设社会主义现代化国家在认识上不断深入，战略上不断成熟，实践上不断丰富，成功推进和拓展了中国式现代化。中国式现代化凝结着党和人民团结奋斗的弥足珍贵的历史经验，体现了我们党对现代化建设规律的科学把握，是实现国家富强、民族振兴、人民幸福的必由之路。

服务中国式现代化进程，皮书研创首要的就是围绕党领导人民探索中国式现代化道路的发展历程，特别是党的十八大以来党和国家事业取得的历史性成就、发生的历史性变革，充分发挥总结发展历程、把握发展趋势的作用，以自身的特殊方式，阐明中国式现代化的历史逻辑、理论逻辑和实践逻辑，引导干部群众更加坚定地拥护"两个确立"、做到"两个维护"，增强中国特色社会主义道路自信、理论自信、制度自信、文化自信，坚持把我国发展进步的命运牢牢掌握在自己手中。

第二，强化对重大理论和现实问题的研究，更好地发挥皮书资政建言的功能和作用。

当前，世界百年未有之大变局加速演进，国内改革发展稳定面临不少深层次矛盾，各种风险挑战、困难和问题比以往更加严峻复杂，推进中国式现代化还有许多风险挑战需要应对，许多重大问题需要破解，这既是一个将理论与实践结合不断进行探索创新、寻求新的思路和有效办法的过程，也是对社会科学工作者责任担当的历史考验。这需要我们把握"国之大者"，以研究回答新时代重大理论和实践问题为主攻方向，深化对中国式现代化中国特色本质要求、重大原则的研究阐释，深化对推进中国式现代化需要处理好的若干重大关系的研究阐释，深化对立足新发展阶段、贯彻新发展理念、构建新发展格局、推动高质量发展的对策研究，深化对建设现代化产业体系、深化改革开放、有效防范化解重大风险问题的对策分析，推出更多有用能用管用的成果，使我们的认识、政策、举措更加符合客观规律，更好为党和国家决策提供服务。

第三，强化对中国式现代化所创造的人类文明新形态的研究阐释，切实讲好中国故事。

中国式现代化深深植根于中华优秀传统文化，体现科学社会主义的先进本质，吸收借鉴人类优秀文明成果，代表人类文明进步的发展方向，展现了不同于西方现代化模式的新途径，是一种全新的人类文明新形态，拓展了发展中国家走向现代化的路径选择，特别是在世界局势深刻变化之中，中国式现代化在全球范围内的吸引力和影响力越来越大，了解中国发展、研究中国经验成为一种世界潮流，讲好中国故事，赢得更多理解，也是当今中国发展之需。皮书以系统化的情况介绍、专业化的分析视角、实证化的研究方法来阐明问题，在中外沟通和交流中有着独特的优势和作用。要更好地统筹国内国际两个大局，服务国家对外战略，发挥自身特色，提升专业水准，阐明中国式现代化蕴含的独特的世界观、价值观、历史观、文明观、民主观、生态观，更好地发挥融通中外文化、增进文明交流的作用，让世界更好地读懂中国。

第四，强化组织方式和体制机制创新，更好地调动各方面参与皮书研创的积极性和创造性。

近年来，皮书的规模不断壮大，影响力不断提升。皮书不仅成为重要的学术品牌、智库品牌，也为广大哲学社会工作者开展应用对策性研究提供了重要的平台。中国社会科学院、社会科学文献出版社、中国社会科学院科研局为推动皮书的高质量发展不断深化研创的组织方式和体制机制创新，建立了皮书准入和退出机制、皮书评价评奖制度，在皮书品牌建设方面作出了积极的探索。在服务中国式现代化进程中，需要我们坚持将高质量发展作为皮书工作的主线，坚持把好政治关、学术关，用足用好各方面资源，正确处理好社会效益和经济效益的关系，努力实现社会效益与经济效益相统一。

皮书事业已经走过了 20 多年的不平凡历程，皮书的发展与每一位管理者、策划者、研创者的辛勤劳动密不可分，凝聚着每一位主编、作者、编辑、媒体记者的汗水和心血，我们也真诚地希望各级党政部门、社会各个方面继续关心和爱护皮书的成长进步，我们也期待社会科学的"五路大军"一如既往地支持皮书事业的发展。

20 多年来，皮书年会为不断提高皮书研创水平，加强研创单位的智库建设，作出了积极的贡献。此次会议设置了研讨环节，希望参会同志围绕"中国式现代化与皮书高质量发展"进行深入交流，就皮书的研创、出版、传播发表真知灼见，为皮书更好地服务中国式现代化贡献智慧和力量。

承担新的文化使命，以高质量皮书研创为建设中华民族现代文明贡献力量[*]

赵志敏

尊敬的各位领导、各位嘉宾，同志们：

今天我们齐聚海南省儋州市，以"深化中华民族现代文明研究阐释的新时代新使命"为主题，召开第二十四次全国皮书年会，在此我代表中国社会科学院向出席本次年会的各位领导和专家学者表示热烈的欢迎！向为本次会议的顺利召开给予大力支持的海南省委、省政府和具体承办本次会议的海南省社会科学界联合会（海南省社会科学院）表示衷心的感谢！对中宣部出版局、全国社科工作办长期以来对中国社会科学院皮书品牌的大力支持表示诚挚的谢意！

中国式现代化必然是中华文明的现代化，必然要在中华优秀传统文化基础上创造出人类文明新形态。今年6月2日，习近平总书记在文化传承发展座谈会上发出了"共同努力创造属于我们这个时代的新文化"的号召，要求我们要坚定文化自信，秉持开放包容，坚持守正创新，在新的历史起点上继续推动文化繁

---

* 根据赵志敏秘书长在第二十四次全国皮书年会上的讲话录音整理而成。

荣、建设文化强国、建设中华民族现代文明。习近平总书记的讲话为新时代哲学社会科学工作、出版工作指明了前进的方向，明确了目标任务，提供了根本的遵循。皮书研创工作是哲学社会科学工作者开展应用对策性研究的重要途径，是服务党和政府决策、服务经济社会发展的重要载体，也是世界了解中国、研究中国的重要窗口，为推动中国特色哲学社会科学"三大体系"建设作出了积极贡献。在推进中国式现代化进程中，皮书研创工作应该全面贯彻习近平文化思想，勇于承担新时代新的文化使命，进一步深化对中华民族现代文明的研究阐释，挖掘历史，把握当代，面向未来，为推进中华文明现代文明建设作出贡献。在此，我谈几点认识。

第一，加强对中华文明发展史的学习阐释，把握中华文明的突出特性，建设中华民族现代文明。

在文化传承发展座谈会上，习近平总书记全面系统深刻揭示出中华文明具有突出的连续性、突出的创新性、突出的统一性、突出的包容性、突出的和平性。"五个突出特性"的概括，既是对中华文明发展史的科学总结，也是对中华优秀传统文化当代价值的高度肯定。中华民族具有百万年的人类史、一万年的文化史、五千多年的文明史，形成了独具特色、博大精深的价值观念和文明体系，包括儒家思想在内的中国传统思想文化中的优秀成分，对中华文明形成并延续发展几千年而从未中断，对形成和巩固中华多民族和合一体的大家庭，对形成和丰富中华民族精神，都发挥了十分重要的作用。在漫长的历史进程中，中华民族以自强不息的决心和意志，走过了不同于世界其他文明体的发展历程。中华优秀传统文化是中华民族的根脉，是实现中华民族伟大复兴的文化支撑，是在世界文化激荡中站稳脚跟的文化根基。我们必须深刻理解和把握中华文明的"五个突出特性"，不断推动中华优秀传统文化创造性转化、创新性发展。要站在历史制高点和时代最前沿，全面客观地认识中华优秀传统文化，坚持以科学态度对待传统文化和国史党史，在传承中华优秀传统文化中更好地赓续红色血脉、弘扬党的光荣历史，在传承历史中开创未来。

第二，立足当代中国伟大实践，肩负起建构中国自主知识体系特别是中国特色哲学社会科学体系的重任。

建构中国自主知识体系，关键是形成具有自身主体性和原创性的理论体系、学科体系和知识体系。这就要求我们牢记"国之大者"，加强选题策划，主动设置议题，坚持用中国理论解读中国实践，用中国实践升华中国理论，积极提炼标识性概念，着力打造易于为国际学术界所理解和接受的新概念新范畴新表述，着力推出具有自身主体性、原创性的标志性成果。皮书作为连续性出版物和应用对策性研究成果，强调对研究主题开展持续性研究，具有从历年的发展脉络中总结出经济社会发展规律的优势，需要加强对中国实践的理论总结和升华，注重从我国改革开放和现代化建设的生动实践中提炼新观点、构建新理论，深刻阐明中国经验的精髓要义，深刻阐明中国奇迹背后的基本道理，深刻阐明中国道路对人类文明发展的独特贡献，努力构建具有自身特色的学术框架和话语体系。同时，打破学科领域壁垒，密切关注科技革命和时代变革的最新趋势，围绕人工智能、大数据、量子计算等互联网新兴技术，培育新的学术增长点和创新点。

第三，加强对外宣传推广，更好发挥哲学社会科学融通中外文化、增进文明交流的独特作用。

面对动荡变革的世界和复杂严峻的外部环境，推进强国建设、民族复兴的历史伟业，要不断增强历史自觉，坚定文化自信，应对各种变局。为此，必须深刻把握中华民族的根和魂，在"两个结合"中更好构筑中国精神、中国价值、中国力量，为履行新时代新征程的强国建设、民族复兴伟业使命注入强大动能。我们要善于讲好中华文明故事，汲取他人之长，始终以开放包容的心态推动与其他文明交流互鉴，弘扬中华文明蕴含的全人类共同价值，让世界更好地认识和理解中华文化的精髓。皮书的研创和出版要树立国际视野，加强境外宣传发行工作，促进各国民心相通，为提高中华民族现代文明在世界上的感召力和影响力，提高国家软实力作出应有的贡献。

第四，推动皮书事业高质量发展，为建设中华民族现代文明贡献出版力量。

文化是优秀文明成果的传承和积累。皮书是中华民族现代文明的重要载体，皮书的研创者和出版者要牢固树立大局意识、历史意识、使命意识、责任意识、创新意识。一是围绕"国之大者"，聚焦中国式现代化、推动高质量发展、推进法治中国建设、建设文化强国、构建人类命运共同体、高质量共建"一带一路"等领域，积极组织开展战略性、前瞻性、针对性、储备性选题策划和研究，打造精品力作。二是推进实践基础上的理论创新，应当与时代同呼吸、与国家共命运，立时代潮头，发思想先声，积极为党和人民述学立论、建言献策，担负起时代赋予的光荣使命。三是始终把握好正确的政治方向、学术导向和价值取向。坚持社会效益第一，严守政治纪律和政治规矩，严明宣传纪律和工作纪律，严格落实意识形态工作责任制。四是坚持质量至上，树立精品意识。要健全各项规章制度，严格按照程序办事，确保稿件质量的高水准。五是通过皮书研创等方式，强化各类人才特别是青年人才的实践锻炼和学术训练，建立健全人才科学分类、科学识别和科学培养机制，着力营造人才成长良好环境，不断培育壮大哲学社会科学人才队伍。

皮书事业的发展与每一位管理者、策划者、研创者的辛勤劳动密不可分，凝聚着每一位主编、作者、编辑、媒体记者的汗水和心血，我们也真诚地希望各级党政部门、社会各个方面继续关心和爱护皮书的成长进步，我们也期待社会科学的"五路大军"一如既往地支持皮书事业的发展，共同助力中华民族现代文明建设。

二十多年来，皮书年会为不断提高皮书研创水平，加强研创单位的智库建设作出了积极的贡献，这次会议设置了研讨环节，希望参会同志围绕"深化中华民族现代文明研究阐释的新时代、新使命"畅所欲言，深入交流，就皮书高质量发展发表真知灼见，为皮书研创贡献智慧和力量。

品牌战略

"皮书系列"数字化现状与趋势

江　山[*]

摘　要：身处数字时代，"皮书系列"数字化工作迎来诸多机遇。国家战略与政策的持续赋能、市场需求的不断变化与新技术的兴起和国际话语权的竞争加剧均有力助推着"皮书系列"在数字化建设方面更有作为。在此背景下，回顾"皮书系列"数字化发展历程，总结数字化发展现状与成果，并在此基础上把握未来数字化趋势及部署相关工作是十分必要的。本文认为，在未来一个阶段，"皮书系列"数字化工作应以服务好党和国家工作大局为根本目标；以内容建设为根本，继续提升智库研究、学术研究服务水平；以创新管理为保障，严把政治关、质量关；以技术为支撑，创新内容呈现与传播方式；紧跟国家外交、外宣需要，讲好中国故事、传播好中国声音。

关键词：皮书系列　数字化　皮书数据库

　* 江山，社会科学文献出版社数字分社数字编辑，皮书数据库产品经理，研究方向为数字出版。

2021 年 9 月 26 日，习近平总书记在致 2021 年世界互联网大会乌镇峰会的贺信指出："数字技术正以新理念、新业态、新模式全面融入人类经济、政治、文化、社会、生态文明建设各领域和全过程，给人类生产生活带来广泛而深刻的影响。"[①] 社会科学文献出版社（以下简称"社科文献"）的图书品牌"皮书系列"，作为对中国与世界发展状况和热点问题进行年度监测与分析解读的智库报告，其研究对象、研创流程与方法、成果呈现形式、传播渠道与范围等同样深受数字技术影响，正因如此，"皮书系列"数字化工作是当下及未来皮书保持旺盛生命力、影响力，实现可持续发展的必然选择。

一　数字时代"皮书系列"的新发展：
从图书品牌到智库平台

为满足用户日益数字化、移动化的阅读和科研需求，实现皮书价值增值，打造数字时代的皮书影响力，社科文献自 2003 年起借力不断发展数字技术，围绕"皮书系列"率先开展数字化方面的探索与尝试，先后进行了电子光盘、网站、电子书、专业数据库、智库平台的开发和建设。回顾"皮书系列"数字化发展脉络，从图书品牌到如今的智库平台，大体经历了四个阶段。

2003~2005 年为"皮书系列"初探数字化阶段。社科文献从 2003 年 12 月出版的"经济蓝皮书"开始，每种皮书均随书附赠一张电子光盘。光盘不仅收录皮书内容，同时支持全文检索，

[①] 《人民日报整版阐述：打造数字经济新优势》，人民网，2021 年 10 月 15 日，http://opinion. people. com. cn/GB/n1/2021/1015/c1003-32254174. html。

还能自动累加同品种其他年份皮书、其他品种皮书的内容，实现了皮书内容的连续阅读和跨品种阅读。与此同时，"皮书系列"的门户网站建设工作也纳入日程。2005年12月，"中国皮书网"正式上线运行，为全面宣传推广"皮书系列"提供一个全新阵地。

2006~2012年，"皮书系列"进入全面数字化转型阶段，以《国家"十一五"时期文化发展规划纲要》发布，数字出版概念被业内广泛认可，数字出版产业链、数字出版规模逐渐发展等新变化为契机，社科文献开始尝试建设专业数据库。2007年7月，皮书数据库（个人用户版）上线；2009年5月，随书附赠的电子光盘变为皮书数据库阅读卡；2011年3月，全面整合个人用户版和机构用户版内容和功能的皮书数据库（二期）上线，在完善产品建设的同时尝试向学术平台转型。伴随着皮书数据库的持续建设与优化，"中国皮书网"也经历了两次迭代升级。

2013~2017年，"皮书系列"数字化工作进入深化转型阶段。于2014年5月上线的皮书数据库（三期），以"皮书研创出版、信息发布与知识服务平台"为基本定位，围绕社会热点、学术研究前沿推出特色专题库，除面向用户个性化需求，提供学术资源检索、查阅等服务外，还进一步实现知识推荐与关联、按需定制功能。2017年8月，皮书数据库App上线，推出随时随地快捷阅读的移动服务。这一阶段，皮书数字化以不断创新和持续丰富服务模式、提升用户体验为着力点，实现了从提供内容产品到提供知识服务的转型。

2018年至今，"皮书系列"数字化进入全面、深度融合发展的新阶段。社科文献以皮书数据库为核心，整合更多优质智库成果，也借力发展成熟的大数据等新技术，全力打造世界领先的智库报告出版传播平台。当前，皮书数据库已与多家国内一流智库机构全面开展资源合作，北京大学中国社会科学调查中心、中国发展研究基金会、上海财经大学等多家机构的优质资源成功入驻皮书数据库。得益于《出版业"十四五"时期发展规划》《关于加快推进媒体深度融合发展的意见》《"十四五"数字经济发展规划》等一系列助推数字技术在出版领域发展与应用的政策规划，形成了基于皮书架构、皮书数据的内容快速生产模式，皮书数据库影响力报告生成系统等一批技术应用初具雏形，持续为优质智库报告的研创、出版、传播奠定技术和平台基础，"皮书系列"在从图书品牌到智库平台的道路上稳健行进。

二 "皮书系列"数字化成果：皮书数据库发展现状及影响力

（一）皮书数据库发展现状

厚植 20 年数字化工作经验与成果，"皮书系列"数字化的核心成果——皮书数据库已发展成为分析解读当下中国发展变迁的智库产品与知识服务平台，以"皮书系列"为核心资源，同时收录相关主题的专业著作、智库报告、学术资讯、调研数据等。基于"皮书系列"的研究内容，皮书数据库设置中国经济发展数据库、中国社会发展数据库、中国行业发展数据库、中国区域发展数据库、中国文化传媒数据库及世界经济与国际关系数据库六大基本子库，并持续推出聚焦党和国家政策新动向、经济社会新现象、学术争议新焦点的特色专题库。截至 2023 年 8 月底，皮书数据库收录图书 1.3 万余本，字数达 56 亿字，内容全面覆盖教育部《学位授予和人才培养学科目录》13 个一级学科、《国民经济行业分类（GB/T 4754—2017）》20 个一级分类，80 余个国家、30 个国际区域及国际组织，以及中国 34 个省级行政区、20 个区域经济体[①]。

（二）皮书数据库使用场景及价值

1. 服务智库建设，助力学术研究

皮书数据库始终坚持精品导向，立足智库研究与学术研究的切实需要整合资源、建设产品、优化功能，是社科文献服务国家经济社会发展、助推人文社科领域开展学术研究的重要平台。

在资源层面，皮书数据库在深耕"皮书系列"品牌资源的基础上，面向"皮书系列"作者、读者的实际需要走向社外寻求内容蓝海。一方面，皮书数据库与国内一流智库机构联手，持续整合优质智库报告资源，如北京大学中国社会科学调查中心《数据与决策》系列、上海财经大学高等研究院《中国宏观经济形势分析与预测年度报告》系列等，充分发挥平台优势，连通智库成果作者与读者，共促成果价值最大化；另一方面，基于数据抓取技术和专业学科团队，聚焦国家战略、重大现实问题分重点、分批次采集国家社会科学基金项目、各省哲学社会科学规划项目等项目信息，采集国家及地方相关政策文件，重大会议信息以及图书、论文等成果信息，对应建成可查询、可下载的项目

---

① 资料来源：皮书数据库。

库、政策库、会议库、成果库，亦可在数字经济、超大城市社会治理、粤港澳大湾区、康养、应急管理等多个领域为研究人员定题、综述写作等工作提供基础资料支持。

在产品层面，基于对"皮书系列"作者、智库机构的持续调研，皮书数据库自主设计了完整系统的知识体系。充分挖掘皮书"连续对当下中国的发展状况和热点问题进行年度分析预测"的资源特色，将政策导向、学术导向和市场导向紧密结合打造特色专题库，目前已建成数字经济、绿色发展、国家安全、黄河流域生态保护和高质量发展等20余个特色专题库。同时围绕党的二十大、全国两会、习近平总书记经济形势专家座谈会等重要会议，建党百年、改革开放40周年等重要时间节点策划专题及配套学习活动，为智库机构坚持以党的理论为指导推进智库高质量发展，坚持围绕党和国家中心工作开展智库研究提供坚实支持。皮书数据库还围绕"皮书系列"用数据说话这一特征，深度开发皮书数据资源，建设指数库、图表库，初步实现了数据的连续性分析、对比分析和精准查找，从而实现皮书内容的专业呈现，以及面向个性化需求的知识服务，为智库研创、学术研究增添数字时代的数据助力。

在功能层面，针对"皮书系列"作者与读者日益增多的个性化知识服务需求，皮书数据库借力自然语言处理、语义分析、新词发现、云服务等数字技术，实现了内容资源的机器标引、按需重组，快速生产定制化资源包及产品，为满足研究人员的定向资源需求保驾护航。同时，皮书数据库持续优化新词发现、智能分词等技术，为用户提供更好用的智能检索和智能推荐体验。

2. 服务皮书研创、出版与传播

皮书数据库注重面向皮书作者的服务。在皮书研创领域，深挖皮书数据库使用数据，重点打造影响力报告，并进一步支持面向具体皮书课题组的具体需求量身打造定制化报告。皮书数据库影响力报告支持展示每种皮书当年、历年影响力指数及变化情况，同一分类下不同皮书影响力数据分布情况，固定周期内出版皮书影响力指数排名等内容，这为皮书课题组实时了解皮书读者对其研创内容的反馈提供了事实数据支持，也为优质皮书具象化呈现影响力情况提供了可能。如皮书数据库连续3年为"医改蓝皮书"课题组提供历年皮书、皮书总报告影响力排名数据，这些数据在其皮书发布会上成为新皮书坚持高质量研创、获得用户肯定的有力佐证。

在皮书出版与传播方面，皮书数据库积极打造线上线下一体化传播体系，助力"皮书系列"的纵深传播。一是充分借力传统线下营销方式，与皮书发布会、学术会议联动推广，推动图书用户和数据库用户池互通共享。二是重视深入高校院系、智库机构、个人用户的学术营销。如中国共产主义青年团成立百年之际，皮书数据库策划线上青年发展专题，举办了"奋进青春赛道，跑出当代青年最好成绩"主题讲座，并邀请"青年蓝皮书"作者、对外经济贸易大学青年发展研究院院长廉思教授主讲，多家数据库机构用户动员青年学生和教学科研人员参与，讲座观看人数达到1.4万人①。三是积极与权威媒体合作营销，搭建资源、学者、媒体三方的合作交流平台。如与新华网共同策划了可视化数据新闻70余篇、多期专家解读视频等。

（三）皮书数据库影响力分析

截至2023年8月，皮书数据库已形成覆盖高校图书馆、公

---

① 数据来源：皮书数据库。

共图书馆、科研机构、社科院系统、党校系统、政府机构、军警机构及院校、企事业单位八大用户类型的用户体系，国内外机构用户近500家，个人用户30余万人，累计PV达4785万次①。中共中央办公厅、中共中央党校（国家行政学院）等党政机构，北京大学、清华大学等"双一流"大学，哈佛大学、耶鲁大学、普林斯顿大学等世界知名院校，都是皮书数据库的长期用户。皮书数据库也在多个重要活动上亮相，如2021年，在国家新闻出版署组织的"读掌上精品　庆百年华诞——百佳数字出版精品项目献礼建党百年专栏"中，皮书数据库作为数字出版精品项目面向社会公众免费开放等。正是基于皮书数据库在广大用户中的影响力，皮书及皮书报告在皮书数据库中的阅读、下载情况也成为每年皮书评价的重要指标之一。

三　"皮书系列"数字化未来展望

（一）中长期发展环境分析

身处数字时代，"皮书系列"数字化工作迎来诸多机遇。

一是国家战略与政策正持续为数字化工作赋能。近年来，国家在数字经济、出版融合发展、文化传承、"走出去"等领域密集出台也将继续出台相关政策规划，不断为"皮书系列"数字化指引发展方向、更新发展目标。与此同时，中国社会科学院作为党中央、国务院重要的思想库和智囊团，在中国特色哲学社会

---

① 数据来源：皮书数据库。

科学"三大体系"建设、"促进两类研究融合发展"等方面的要求也成为"皮书系列"数字化实践的重要指导。

二是市场需求的变化与更新。正如2016年1月，习近平总书记在省部级主要领导干部学习贯彻党的十八届五中全会精神专题研讨班开班式上指出的那样，"我国不是需求不足，或没有需求，而是需求变了，供给的产品却没有变，质量、服务跟不上"①。进入小康社会后，人民精神文化需求上升，需要出版业"立足扩大优质内容供给、创新内容呈现传播方式、打造重点领域内容精品，强化出版融合发展内容建设"②。当下及未来市场对内容和知识的需求，也是"皮书系列"数字化工作的发力点和着力点。

三是新技术的持续推动。以数字化、数据化、智能化为代表的第四次工业革命，正以新技术创造新业态、新的生产方式。"皮书系列"数字化直接受益于数字技术的发展和更新，理应跟上时代步伐，在研创、出版、传播等全流程中进一步寻求突破。

四是国际话语权竞争加剧。"皮书系列"浓缩了中国学者对国内外经济、社会、文化等领域的分析解读，是国际社会了解中国的重要窗口，是提升中国对外传播能力和国际影响力、建立对外话语体系、实现公共外交功能的重要工具。在国际话语权竞争日益深植互联网的数字时代，"皮书系列"更应加强数字化能力建设，成为具有国际影响力的、高质量的影响人类的现代作品，

① 习近平：《习近平谈治国理政》第二卷，外文出版社，2017。
② 范军：《出版本质上是一种知识生产》，《出版科学》2022年第3期。

引领世界出版和阅读的方向①。在提升国际话语权，讲好中国故事领域再增建树。

（二）未来建设方向

基于上述发展环境带来的时代机遇，"皮书系列"数字化工作未来将主要围绕以下五个方面展开。

1. 以服务好党和国家工作大局为根本目标

面对国际国内环境发生的深刻复杂变化，"皮书系列"数字化工作应该锚定目标，致力服务好党和国家工作大局，在资源整合、产品建设、内容传播等各个环节，主动聚焦中国式现代化、推动高质量发展、推进法治中国建设、建设农业强国、构建人类命运共同体、高质量共建"一带一路"等领域②，重点开发和推广具有前瞻性、针对性、储备性的内容，切实通过数字化工作发挥"皮书系列"智库成果资政启民的重要功能。皮书数据库作为思想和文化的新型载体之一，也会将更多务实管用的好成果留存好、管理好、宣传好、传承好。

2. 以内容建设为根本，继续提升智库研究、学术研究服务水平

"皮书系列"数字化工作紧跟《出版业"十四五"时期发展规划》《关于推动出版深度融合发展的实施意见》等决策部署，继续"大力实施精品战略，坚持精品引领、精品带动"③。首先，

---

① 柳斌杰：《开拓中国出版业高质量发展新时代》，《中国出版》2020年第22期。
② 高翔：《以高质量党建引领保障中国社会科学院行稳致远》，旗帜网，2023年7月13日，http://www.qizhiwang.org.cn/n1/2023/0713/c457460-40035175.html。
③ 《中共中央宣传部印发〈关于推动出版深度融合发展的实施意见〉的通知》，中国政府网，2022年4月24日，https://www.gov.cn/xinwen/2022-04/24/content_5686923.htm。

继续聚焦当下中国发展变迁主题,以回应新时代重大理论和实践问题为主攻方向,收录前沿权威的智库报告、学术成果、调查数据等内容。其次,探索通过版权合作、项目共建、激励用户生产等方式进一步拓展优质资源进入渠道,发挥皮书数据库在智库成果方面的资源优势。最后,将对以"皮书系列"为代表的优质、精品内容进行持续深度开发,如立足皮书年度连续发布的资源特点,实现历年图书、报告资源与历年发布会视频等媒体资源的互联互通,为用户提供更多关联知识;邀请优秀皮书研创团队参与内容建设工作,通过作者访谈等方式二次解读皮书内容、分享研创经验,为相关领域智库研究、学术研究提供可参考的研究范式。

3. 以创新管理为保障,严把政治关、质量关

"皮书系列"数字化,尤其是皮书数据库将继续加强政治把关、内容运营等方面制度建设,提升项目团队专业能力,同时向出版产业上下游、其他行业寻求深度合作,三线并进提升产品质量。具体来说,包括依据出版社各项内容安全保障制度,持续完善数据库内容安全审核流程、丰富内容安全审核举措;为项目团队制定专项培养计划,定期组织专题学习,不断提升团队在政治把关、产品策划、内容编辑、技术开发、传播运营等方面的专业水平,在数字时代保持敏感性、弘扬工匠精神;同时与主管部门、作者、出版业同行、用户保持定期联系与互动,加强与媒体、研究机构、技术公司等的合作,主动学习其发展经验与成果,将其内化为提升产品质量的有效方法。

4. 以技术为支撑,创新内容呈现与传播方式

皮书数据库将紧盯技术发展前沿,用好信息技术革命成果,面向用户使用和场景需求充分挖掘各类适配技术，促进内容的多介质、多角度延伸，多渠道、多形态传播。一是继续着力优化升级皮书数据库数据中台、用户体系，广泛收集数据、分析数据，提升用户画像与大数据分析的全面性、精准度，准确把握数字时代皮书数据库各类用户的阅读需求，实现用户偏好内容的智能推送。二是以现有皮书数据库影响力报告为基础，继续提升报告生产自动化程度，试水机器写作，同时深入挖掘研创者使用习惯，拓展分析维度，实现使用内容的定期自动推送、定制报告的一键生成等。三是积极拥抱数字时代各类新型传播技术、手段与形态，进一步掌握直播、短视频、有声读物、付费阅读、问答平台等新领域的传播规律，在现有全媒体传播布局的基础上实现新的突破。多措并举实现智库成果价值最大化。

5. 紧跟国家外交、外宣需要，讲好中国故事、传播好中国声音

"皮书系列"数字化的核心成果——皮书数据库早在 2012 年便开始筹划"走出去"工作，致力成为发出"中国好声音"的学术精品。多年来，皮书数据库一直立足于中国人文社会科学界，面向海外学者与高端学术研究机构传播中国社会科学的学术成果，不仅扩大了中国专家学者及其学术成果的国际影响力，还为讲好中国故事、传播中国好声音、展现中国形象作出了贡献。未来，皮书数据库将继续加强内容建设、提升服务水平，一方面推进皮书数据库英文版开发落地，另一方面积极利用翻译插件，提升数据库多语种翻译能力，为产品"走出去"提供更坚实的基础。同时，也将着力提升皮书数据库国际影响力，发掘更多对外传播渠道，包括借助国际书展、美国亚洲学术年会等展会平台，积极推广皮书数据库这一具有中国特色的智库平台；变被动为主动，有针对性地传播当下国际社会关注的学术内容；持续提升内容移动化、可视化水平，探索适应国际传播特点的产品形态；助力内容走出自有平台，尝试借助代理开辟海外社交媒体阵地等，在提升中国学术成果国际传播能力和效能方面做更多有益尝试。

参考文献

黄海燕：《加快构建中国特色哲学社会科学"三大体系"》，中国社会科学网，2023年6月9日，http：//cass. cn/xueshuchengguo/wenzhexuebuli shixuebu/202306/t20230609_ 5643813. shtml。

杨中启：《"十四五"出版高质量发展的四个维度》，《出版科学》2022年第4期。

冯宏声：《深化数字化转型升级 激发内容产业新动能（在第二届中国新闻出版智库高峰论坛上的发言）》，《科技与出版》2018年第7期。

华闻创新传媒文化产业研究院：《系统性推动 多路径进化 高质量发展——数字出版精品遴选推荐计划暨出版融合发展工程实施成效综述》，《科技与出版》2022年第6期。

江山：《中国皮书数字化发展报告（2022）》，载谢曙光主编《智库成果蓝皮书：中国皮书发展报告（2022）》，社会科学文献出版社，2023。

专题研究

创新皮书智库建设，推进皮书高质量发展

李国强[*]

摘　要：皮书是智库创新成果的载体，是展示当代中国智库发展状况的重要窗口。皮书研创的主题覆盖国家发展的多个领域，皮书在政策研究和决策咨询中的地位和影响力日益提升。皮书与智库的融合发展，表现为皮书要体现智库资政建言等功能，具有应用对策性的显著特征，能够为党和政府决策及各行业、各领域、各地区发展提供智力支持。虽然皮书智库建设取得了显著的进展和成就，但还存在内容质量、规范性参差不齐，对策性研究不足等问题。针对这些问题，提出做好皮书研创团队的人才组织建设工作、皮书选题工作，促进学术研究与对策研究贯通等建议。

关键词：皮书智库　皮书智库化　智库化皮书　高质量发展

---

[*] 李国强，国务院发展研究中心研究员、教授、博士生导师，研究方向为经济学、产业经济、区域城市经济、企业管理、公共管理等。

皮书是智库创新成果的载体，反映了智库建设的状况。皮书作为智库成果发布平台，在智库建设中发挥了不可替代的作用。皮书品牌得到党和政府以及人文社会科学界、自然科学界、工程技术界、智库界等领域的广泛认可和好评，其重要性和影响力逐渐凸显。不断提高皮书内容质量，提升皮书智库研究水平，为党和政府决策提供高质量智力支持，是新时代皮书的重要职责。

一 皮书与智库融合发展

皮书寓于智库之中，皮书反映智库的特性、功能和发展规律，皮书有适应智库发展的转型任务。

党和政府高度重视智库建设。2013 年 4 月 15 日，习近平总书记对建设中国特色新型智库作出重要批示。自此，我国智库进入了"加快构建中国特色哲学社会科学，加强中国特色新型智库建设"新时期，各级党委"把中国特色新型智库建设作为一项重大而紧迫的任务，采取有力措施，切实抓紧抓好"。"加强中国特色新型智库建设"写入了党的十八届三中全会《决定》。2015 年 1 月，中共中央办公厅、国务院办公厅印发《关于加强中国特色新型智库建设的意见》。随后，"加强中国特色新型智库建设"写入了党的十九大报告，明确列入了《国家"十四五"时期哲学社会科学发展规划》之中。

我国智库建设的创新发展，是智库建设的新特征。中国特色新型智库是以战略问题和公共政策为主要研究对象，以服务党和政府科学、民主、依法决策为宗旨的非营利性研究咨询机构；是党和政府科学决策、民主决策、依法决策的重要支撑，是国家治理体系和治理能力现代化的重要内容，是国家软实力的重要组成部分。智库具有资政建言、理论创新、舆论引导、社会服务、公共外交等多重功能。智库建设要以习近平新时代中国特色社会主义思想为指导，坚持党的领导，把握正确政治方向，为党和政府决策提供高质量的智力支持。智库研究要"不唯书、不唯上、只唯实"，坚持科学精神，大胆探索。智库传播要注重对外开放，提升我国智库的国际竞争力和国际影响力。新型智库建设要加强顶层设计、统筹协调和分类指导，建立各类智库规范有序发展的新型智库体系，重点建设一批具有较大影响力和国际知名度的高端智库；建立符合中国特色的智库组织形式和管理方式，体现中国特色、中国风格和中国气派。

皮书与中国特色新型智库建设的要求和任务高度契合。从词源上看，"皮书"最早起源于17、18世纪的英国，主要指官方或者社会组织正式发布的重要文件或者报告，并多以白皮书命名；在我国，中国社会科学院社会科学文献出版社于1996年起对皮书进行系列化、市场化、品牌化运作，使皮书被社会广泛接受。皮书系列是由智库或者具有智库性质的研究团队发布的权威年度报告，皮书系列先后入选"十二五""十三五""十四五"时期国家重点出版物出版专项规划项目。皮书是一种出版形态，是一种连续的出版物，既有图书的特点，又有期刊的特点，同时还有强烈的媒体特征，是智库成果发布平台。皮书发布能够形成强大的社会效应，这是一般图书所不具有的。

皮书在中国特色新型智库建设中占有重要地位，发挥着日益重要的作用。皮书是智库成果的重要载体和展示形式，为智库工作者提供了宽广的智库成果出版与传播平台。一般来说，智库成果类型分为定期和不定期的研究报告、专题研究报告、政策建议、政策简报、政策解读、研究资料等。智库成果传播和推广的方式，除了内部报告，还有公开出版物、网络融媒体、国内外讲座、座谈会、论坛、研讨会等方式。皮书的宣传可以借鉴这些传播和推广方式，通过收集反馈来指导今后的皮书研究工作。皮书作为公开出版物，包括以数字化形式发布的成果，通过广泛传播，不仅可以影响政府决策，还会影响公众舆论。皮书通过国际化发布，可以与国际智库界、学术界对话与交流，形成中国声音、提升中国话语权。皮书作为资讯平台，是智库与政界、学术界、媒体界、实业界、广大公众联系的纽带。加强皮书的传播与推广不仅有助于提升智库决策影响力、学术影响力、社会影响力、国际影响力和认可度，也可以提升皮书智库的声誉和地位。

皮书具有资政建言、理论创新、舆论引导、社会服务、公共外交等多重功能。皮书以一定的主题，把学术研究与资政建言相结合，呈现了一定的学术性和资政性。皮书作为应用对策性研究成果，以专业的视角为各级政府提供政策研究和决策咨询的意见、建议和行动方案，为不同领域、行业、区域研究提供有价值的基础数据和资料信息，为企业发展提供参考，为投资者提供投资和经营导向，为研究人员提供多方面支撑。通过品牌化建设和规范化写作，皮书的原创性、实证性、前沿性、时效性和权威性等特征日益显现，形成了一定的话语权。

二 皮书高质量发展面临的挑战

近年来，皮书的品种不断丰富，皮书质量不断提升，在繁荣中国特色哲学社会科学、推动中国重大理论和现实问题研究、构建国际话语权方面发挥着越来越重要的作用。一大批通过皮书报告改写的政策研究报告和决策咨询报告被采纳，为党和政府决策提供了重要参考，为社会、行业、企业发展和科学研究提供了有力的智力支撑。

从智库建设的角度来看，虽然皮书已经取得了很大进展和成就，但是还存在跟不上、不适应等问题，远远不能满足战略研究和决策咨询的需要。2016 年 5 月 17 日，习近平总书记在哲学社会科学工作座谈会的讲话中指出智库建设存在诸多问题，"有的智库研究存在重数量、轻质量问题，有的存在重形式传播、轻内容创新问题，还有的流于搭台子、请名人、办论坛等形式主义的做法，智库建设要把重点放在提高研究质量，推动内容创新上[①]"。

据不完全统计，目前，皮书的种类已达到 1000 种以上，近千家研创机构参与皮书研创，作者达到数万人。皮书既是智库成果发布平台，也可以说是中国最大的智库团队。相对来看，皮书作者及其所属团队来源广泛，这对成果质量管理提出了挑战。如何避免作者及其团队对皮书智库功能理解的差异，如何避免皮书

---

① 《习近平在哲学社会科学工作座谈会上的讲话》，中国共产党新闻网，2026 年 5 月 1 日，https：//cpc. people. com. cn/nl/2016/0519/c64094 - 28361550. html？bsh _ bid = 108854 3165。

研创内容质量、规范性参差不齐，以及原创性、对策性研究不足等，都是需要引起思考和注意的问题。为应对和解决这些问题，需要不断创新组织形式和管理方式，不断提高皮书质量。具体来看，皮书质量建设方面还存在一些问题，比如，有的皮书缺乏综合性、全局性、战略性、前瞻性和创新性；有的皮书呈现出研究成果论文化倾向，缺乏对策性研究；有的皮书是流水账式工作报告，缺乏综合性研究和学理性框架；有的皮书研究框架体系维度不清、逻辑不顺；有的皮书总报告与分报告、专题报告的内容衔接不紧密、不呼应；有的皮书评价数据存在结构性不合理或者缺乏可靠性、权威性；有的皮书对策建议缺乏多方案客观比较、缺乏务实、实用性、可操作性等。

究其原因，一是对于皮书与智库的关系认识不清，不理解皮书研创的智库特性和要求，二是未完成学术研究与智库对策研究的角色转换，三是缺乏对于公共政策理论、公共政策工具等的了解和把握，四是研创团队人员结构不完善、不合理，五是缺乏学术带头人和领军人物的认真统筹协调，未发挥智库"库"的作用，成果呈现个体研究特征，而不是智库团队研究的成果。

三 创新皮书智库建设的几点思考

皮书作为智库建设的重要组成部分，在中国特色新型智库的建设过程中应发挥两方面作用。一是引导各皮书研创团队按照中国特色新型智库建设的方向和要求发展；二是皮书自身已经是一个大型皮书智库，具有智库的功能和特性，要发挥好皮书智库平台的组织和管理功能，探索皮书智库新的组织形式和管理方式，提升皮书智库的管理能力和水平。

（一）做好皮书研创团队的人才组织建设工作

智库研究人才是智库成果的发动机。优秀的人才队伍，对于提升智库研究能力至关重要，可以说是影响智库研究质量高低的关键条件。

首先，各皮书研创团队要重视优化人才结构。皮书研究具有综合性、系统性、跨学科、跨领域等特点，皮书研创团队人员结构要互补，要处理好多类型人才与复合型人才的关系、理论研究人才与对策研究人才的关系、策略研究人才与战略研究人才的关系、智库管理专家与研究人员的关系，以一批高素质创新型领军人才作支撑，注重发挥智库复合型领军人才作用。

其次，做好大型皮书智库人才"库"的管理。智库是智力的集中地，集中了不同领域和专业的智力。智库建设在于人才，更在于高效、科学的组织形式，发挥"库"的作用。智库不仅要有人才，而且还要懂得如何组织调度人才。好的组织调度，不仅能使人尽其才，还能够使人才发生聚变，发挥人才集聚效应，实现"1+1>2"，实现协同创新。如同军队作战，不同的阵势则会有不同的战斗力。皮书智库中，"智"是实质内容，"库"是组织形式，"库"的组织水平对"智"的质量高低有着决定性的影响作用。因此，充分发挥皮书人才的潜力，要特别注重合作研究，包括学科合作、智库合作、国际合作，以开放、合作、共赢的心态形成合力。

（二） 切实做好皮书选题工作

从宏观和微观管理上做好皮书选题十分重要和必要，要心怀"国之大者"，有敏锐的政治判断力。皮书选题要体现科学性、时效性、可操作性、重要性。习近平总书记强调，要自觉讲政治，对"国之大者"要心中有数，关注党中央在关心什么、强调什么，"急国家之所急，想国家之所想"，既要想国家当下之所急，又要谋国家未来之所需。皮书研究只有围绕大战略，研究大问题，出好大主意，才能为国家决策之所用。皮书选题要符合当前国际或国内发展趋势，具有综合研判和战略谋划性。此外皮书选题要有很强的针对性，能够解决实际问题，皮书成果要能在公共决策中得到实际应用，对决策者有显著的智力支撑作用，在决策中有显著的智慧服务价值，或者可以改进现在的认识或发现，或者能够对时政的分析评论进行深度剖析。

（三） 促进学术研究与对策研究贯通

从学术研究与对策研究的关系来看，皮书是以学术研究为基础具有学理性支撑的应用对策性研究。但是，有的皮书报告写成了学术论文，有的皮书报告学理支撑模糊不清。在皮书研创中，学术研究与对策研究并不矛盾，二者相辅相成，学术研究是对策研究的基础，对策研究也检验了学术研究的有效性。在哲学社会科学领域，虽然学术研究与对策研究分别扮演着不同的角色，但它们之间的关系密切。学术研究可以为对策研究提供理论支持和指导；对策研究中的实践经验可以为学术研究提供丰富的案例和数据，有助于理论的验证和发展。

皮书在学术积累方面必须夯实基本功。学术研究于对策研究具有基础性和支撑性作用，好的对策研究一定会有深厚的学理支撑和学术厚度；学术研究要聚焦时代主题，立足中国实践，从对策研究中提炼出重大现实问题并将其作为理论创新的主攻方向。

皮书应该将学术研究和对策研究相结合，探索新型研究模式，以便更好地满足现实需求。皮书智库要以强大的学术基础为支撑，逐步形成系统化、可比较的研究成果储备，为进一步挖掘有价值的研究方向与课题奠定基础。通过对国内外重大问题进行准确预判和快速反馈提供了前瞻性研究成果。

（四）加强皮书智库传播渠道建设

皮书智库的建设与发展要求，既要有质量高、数量多的智库成果，也要有通畅、快速直达、多样的传播渠道，注重向更深、更广、更好的智慧融媒方向发展。好的传播渠道才能为好的传播内容更添光彩，才能产生更好的传播效果。如何快速、高质量地把好的内容传播出去，形成超越既有传播渠道的再传播链式反应，是皮书智库建设的一个重要方向。皮书传播有它的规律性，尤其是在数字化时代，要对传播内容、传播形式、传播渠道、传播效果进行多维的深入的研究，要努力掌握传播的规律，构建对外话语体系，提高传播效能，积极拓展传播渠道，丰富传播路径，采取科学的方式来解决传播效果的低效率问题。

（五）利用新一代信息技术开展相关研究

近年来，新一代信息技术迅猛发展，以大数据、人工智能为代表的数字技术日新月异，人类社会正全面进入数字智能新时代。大型语言模型如 ChatGPT4.0 的出现和在智库的应用，对智库的角色和功能产生深刻影响。利用数智化研究方法、研究工具、研究手段开展智库研究，是智库数智化发展的趋势。要清醒地认识到，我们正在进入信息数智时代，正处在从农耕文明到工业文明再到信息文明时代的快速转变之中，一定要快速跟上时代步伐，创新智库大数据思维，建立智库大数据平台，提升智库大数据处理能力，驱动皮书智库数智化发展。

参考文献

谢曙光主编《皮书与智库共同体建设》，社会科学文献出版社，2020。

谢曙光主编《皮书手册：写作、编辑出版与评价指南》（第四版），社会科学文献出版社，2020。

《为绿色发展低碳发展类皮书出版事业深耕细作——专访社会科学文献出版社副总编辑、皮书研究院院长蔡继辉编审》，生态中国网，2023 年 5 月 26 日，http://www.eco.gov.cn/news_info/64309.html。

李国强：《创新中国智库建设》，中国财政经济出版社，2020。

中外智库报告比较研究

——以国际组织和我国高端智库为例

蔡继辉　　石银凤*

摘　要： 智库报告是智库成果的重要形式，如何产出质量高且国际影响力大的智库报告，对我国智库健康发展意义深远。本文通过选取国际组织和国内高端智库中具有一定代表性的智库报告，基于"结构-过程-结果"模型和新型智库建设理论，从历时与结构、主体与主题、资料源与结果三个维度进行聚类比较，系统分析中外智库报告的特点及差异。结果发现，中外智库建设整体呈现多元发展布局，形成大量较高水平的研究成果，民主决策与战略经济效益得到迅速提升。相较之下，国际组织高度关注全球可持续发展议题，融合全域全要素进行创新性预测分析；我国智库机构从党和国家事业发展全局出发，聚焦国内政治、经济和社会实际，报告主题多元、内容丰富，但在研究持续性、结构

---

* 蔡继辉，社会科学文献出版社副总编辑，编审；石银凤，经济学博士，社会科学文献出版社出版研究院/皮书研究院研究人员，研究方向为绩效管理、风险评估、智库研究。

规范性、议题精准性、方法前沿性、政策协同性等方面还存在问题，且国际性因素融入少，智库对外发声的渠道受限。新时期我国智库建设应从战略上持续重视智库成果的产出与应用，强化国际交流与合作，不断拓宽国际视野，努力构建科学规范高质量的智库成果体系，切实发挥智库的资政建言作用。

关键词： 智库建设　国际组织　智库报告　聚类比较

引　言

作为知识、智慧、思想交融与碰撞的新场域，智库持续输出了顺应发展潮流的新思想与新观点。在国际国内形势纷繁复杂、政治经济格局不断重塑的时代背景下，智库建设已成为国家软实力的重要组成部分，对于推进国家治理体系和治理能力现代化具有关键性作用。党的十八大以来，中央高度重视智库建设，提出加强中国特色新型智库建设的目标，并出台一系列扶持政策。我国智库如雨后春笋般快速发展并取得阶段性显著成效。智库报告是智库成果的主要表达形式，其内容质量的高低将触发决策者的优先级排序（Abelson，1999；Wells，2011），进而影响智库作用及其社会职能的有效发挥。纵观当前我国智库建设的发展演变历程，国内智库主要聚焦于我国政治、经济及社会形势，基于经验事实和数据形成了诸多有价值的研究报告，但这与高质量智库报告的目标要求还存在一定差距，"智库风""智库热"现象突出，中国特色新型智库建设仍然任重道远。事实上，智库成果的质量和有效性，往往受到交流合作、运行机制、发展环境、人才队伍等多维因素的影响（薛澜，2014），具有交叉性和多样性。那么，如何产出质量高且国际影响力大的智库报告，如何加强习近平新时代中国特色智库建设？为回应上述问题，本文从国际国内比较的视角出发，以国际组织和我国高端智库报告为分析案例，从历时与结构、主体与主题、资料源与结果三个维度进行聚类分析，挖掘中外智库报告的特点及差异，找寻我国智库报告尚存的问题与不足，并结合国内实情和国际经验探索完善新型智库高质量发展的可行性路径，以期为经济社会可持续发展提供科学咨询与决策建议。

一 研究设计

（一）智库报告选取

中外智库报告的获取均采用多源信息采集方法。国际方面，主要选取联合国教科文组织、世界银行、国际货币基金组织、世界贸易组织、世界卫生组织等最具影响力的全球性国际组织，并从国际组织官方网站中分别获取其特色化的智库报告，共有30份（见表1）。国内方面，根据国家高端智库建设试点单位名单（包括第一批和第二批），选取国务院发展研究中心、中共中央党校（国家行政学院）、新华社、中国社会科学院、中国科学院等23家智库机构（考虑到研究样本的异质性问题，暂未选取中国人民解放军军事科学院、中国人民解放军国防大学等军事领域相关机构），总体涵盖了政治、经济、社会、国际、科技、区域、财政等多个领域。原则上，从每个智库机构中分别选取两份有代表性的智库报告，但考虑到报告可获取性、主题可覆盖性、内容可研性，本研究以皮书这一重要应用对策性智库成果为主，以各大智库官网的公开出版物作为补充，经过去重、筛选整理后，最终共保留35份（如表2所示）。

表 1　国际组织智库报告

国际组织	智库报告
联合国教科文组织	*Addressing Hate Speech Through Education：A Guide for Policy-makers*
	Unveiling the Neurotechnology Landscape：Scientific Advancements Innovations and Major Trends
	Teaching to Prevent Atrocity Crimes：A Guide for Teachers in Africa
	Re|Shaping Policies for Creativity：Addressing Culture as a Global Public Good
	Making Data Work for Persons with Disabilities：Project Localization and Implementation Report for GUIDE
	Open Data for AI：What Now
	Ethical Issues of Neurotechnology
	Global Citizenship Education Tools and Piloting Experiences of Four Countries：Cambodia，Colombia，Mongolia and Uganda
世界银行	*World Development Report 2023：Migrants，Refugees，and Societies*
	Nature's Frontiers：Achieving Sustainability，Efficiency，and Prosperity with Natural Capital
	Detox Development：Repurposing Environmentally Harmful Subsidies
	Informality and Inclusive Growth in the Middle East and North Africa
	What a Waste 2.0：A Global Snapshot of Solid Waste Management to 2050
	Global Economic Prospects
	Women，Business and the Law 2023
	State and Trends of Carbon Pricing 2023
国际货币基金组织	*World Economic Outlook*
	Global Financial Stability Report
	Fiscal Monitor
	Regional Economic Outlook
	External Sector Report：External Rebalancing in Turbulent Times

续表

国际组织	智库报告
世界贸易组织	*Annual Report 2023*
	Climate Change and International Trade
	An Integrated Health，Trade and IP Approach to Respond to the COVID-19 Pandemic
	Handbook on Measuring Digital Trade
	Global Value Chain Development Report-Beyond Production
	World Tariff Profiles
	WTO Dispute Settlement：One-Page Case Summaries
世界卫生组织	*World Health Statistics 2023：Monitoring Health for the SDGs，Sustainable Development Goals*
	How WHO is Driving a Measurable Impact in Countries and Accelerating towards a Healthy World for All

表 2　我国高端智库报告

国内高端智库	智库报告
国务院发展研究中心	《迈向 2035 年的中国乡村》
	《推动共建"一带一路"高质量发展：进展、挑战与对策研究》
中共中央党校（国家行政学院）	《中国数字政府建设报告（2021）——加快推进数字政府》
	《中国经济高质量发展报告（2022）——践行绿色发展理念》
新华社	《迈向现代化强国的发展密码——习近平经济思想的时代特质和实践价值》
	《中国减贫学——政治经济学视野下的中国减贫理论与实践》
中国社会科学院	《2023 年中国经济形势分析与预测》
	《2023 年中国社会形势分析与预测》
中国科学院	《数字科技创新战略与企业的关键作用研究》
	《碳中和：逻辑体系与技术需求》
中国社会科学院国家金融与发展实验室	《中国文化金融发展报告（2022）》
中国社会科学院国家全球战略智库	《中国对外贸易报告（2020～2021）》
	《亚太地区发展与合作》
中国现代国际关系研究院	《国际战略与安全形势评估（2022/2023）》
商务部国际贸易经济合作研究院	《中国对外贸易形势报告》
	《中国电子商务区域发展大数据报告》

续表

国内高端智库	智库报告
北京大学国家发展研究院	《中国健康老龄化之路:北京大学—柳叶刀重大报告》
清华大学国情研究院	《国情报告》
中国人民大学国家发展与战略研究院	《中国地方政府债券发展报告(2023)》
武汉大学国际法研究所	《中国促进国际法治报告(2022)》
中山大学粤港澳发展研究院	《粤港澳大湾区发展研究报告(2021~2022)》
上海社会科学院	《上海经济发展报告(2023)》
	《全球信息社会发展报告(2022)》
中国石油集团经济技术研究院	《2050 年世界与中国能源展望》
中国国际经济交流中心	《中国可持续发展评价报告(2022)》
	《数字化新外贸趋势发展报告》
中国(深圳)综合开发研究院	《中国产业金融发展指数报告》
浙江大学区域协调发展研究中心	《中国乡村产业高质量发展报告(2021)》
	《浙江跨区域合作发展报告(2020)》
北京师范大学中国教育与社会发展研究院	《中国社会体制改革报告(2022)》
中国财政科学研究院	《中国财政政策报告(2022)》
	《中国税收政策报告(2021-2022)》
中国科学技术发展战略研究院	《中国创业投资发展报告(2022)》
	《中国科技金融生态年度报告(2022)》
中国国际问题研究院	《国际形势和中国外交蓝皮书(2022/2023)》

（二）分析框架构建

在智库报告搜集分析的基础上，基于 Donabedian 的"结构-过程-结果"评估模型（1980），结合学术界关于智库理论与实践的探讨性研究成果（Wells，2012；Tchilingirian，2018；裴瑞敏、杨国梁等，2022），构建"历时与结构－主体与主题－资料源与结果"的三维分析框架（见图1），对中外智库报告开展聚类比较。首先，从整体上把控智库报告的历时性和篇章结构，了解报告的发布时点（连续性）、篇幅长度及章节构成情况；其次，聚焦研究主体与研究主题，对研究团队、研究领域、研究议题及问题挖掘情况等进行系统解析；再次，围绕研究的资料源和结果输出，对数据来源、引文类型、成果形式及政策应用等进行综合评估。

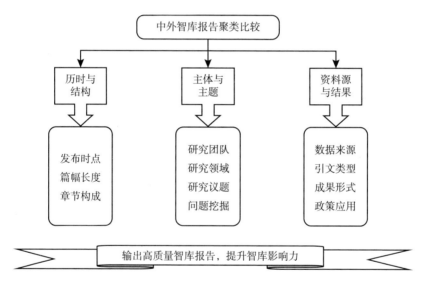

图1　中外智库报告比较研究的分析框架

二　历时与结构

（一）发布时点

总体来看，国际组织智库报告平均每年更新一至两次，其连续性和时效性更高。国际货币基金组织主要有 *World Economic Outlook*、*Global Financial Stability Report*、*Fiscal Monitor*、*Regional Economic Outlook*、*External Sector Report* 等系列性智库报告，每年定期公开发布；世界银行共有 10 余部特色化的专业出版物，其中 *World Development Report 2023*、*Global Economic Prospects* 等 8 份智库报告拥有百万阅读及转载量；世界卫生组织发布的智库报告均与公共卫生相关，其中，2020 年至今，与疫情防控和卫生事业发展直接相关的智库报告多达上百份。具体到智库报告的发布趋势层面（截至 2023 年 10 月 17 日）①，如联合国教科文组织发布的智库报告数量呈"前高后低"发展态势，其中 2022 年共发布报告 13 份；世界贸易组织发布的智库报告数量呈"多拐点"均衡波动，其中 2022 年共发布报告 23 份（见图 2、图 3）。

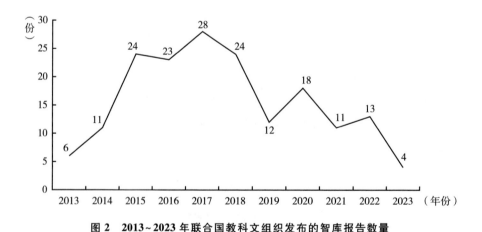

图 2　2013~2023 年联合国教科文组织发布的智库报告数量

① 资料来源：联合国教科文组织（Results-UNESCO Digital Library）、世界贸易组织（WTO | Publications by subjects）。

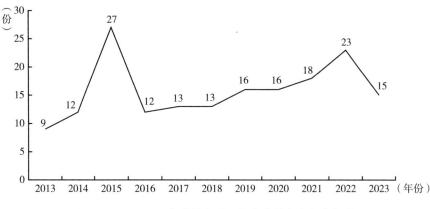

图 3　2013~2023 年世界贸易组织发布的智库报告数量

反观国内智库报告，2023 年发布的智库报告仅占样本总数的 34.28%（部分智库报告一般在年底出版发布），智库报告的更新调整进度较慢。由图 4 可知，共有 60.01% 的智库报告属于连续性研究，每两年、每年甚至每半年针对同一主题发布持续的研究成果；同时还有 28.57% 的智库报告不具备连续性（仅有某一年度的成果），另有 11.43% 的智库报告发布周期尚不明确，

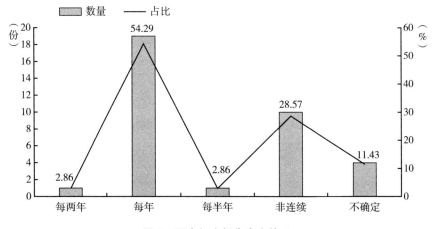

图 4　国内智库报告发布情况

缺少系统性专业化的成果积累，难以从中长期视角精准解析特定领域的现象及问题。需要指出的是，本研究收集的智库报告中皮书占比较高，连续性本是其作为典型应用对策性研究成果的突出特点，而在此情境下得到的分析结果，间接反映出当前我国皮书研创的针对性和应用性还有待进一步提升。

（二）体例结构

体例结构完整体现了智库报告的组织形式、撰写格式及行文规范。通常情况下，与学术论文、媒体评论、政策内参等其他智库成果体裁相比，智库报告的篇幅长度适中，论据展示充分、论述完整度较高，体例结构也更严谨。从报告篇幅来看，国际组织智库报告单篇平均字数为 10.66 万字[①]，平均页数为 149 页；国内智库研究报告单篇平均字数为 24.34 万字，平均页数为 263 页，这一数值约为国际组织智库报告相关指标的 2 倍，表明我国智库报告的篇幅更长、内容更为详尽。另外，从国内外智库报告结构来看，不论是国际组织还是国内智库，智库报告均符合基础的架构体系，包括摘要、背景、方法、分析、结论、建议等内容模块，问题挖掘与数据分析较为全面。具体到细分结构上，国际组织智库报告的结构设置更系统灵活（分章节谋篇），呈现方式也更多元（如图文占比较高）；国内智库分析范式较固定，主要按照"总报告+分报告+专题报告+区域报告"的形式进行统筹布局，但规范性不够、布局较分散，常见的篇名如案例篇、政策篇、路径篇

---

① 为便于科学比较，本研究对国际组织研究报告进行了英译汉处理，估算了中文字数。

等在研究应用中还缺少统一的标准和规范，极易出现"有序中内生无序"的现象。

三 主体与主题

（一）研究主体

人才是智库赖以生存的基础，是智库最重要的智力资源，决定了智库成果的内容质量。通过分析已有智库报告的研究主体构成发现，国际组织的研究人员类型多样、阅历丰富，通常包括常驻研究人员以及外部访问学者，团队规模大，人员构成相对稳定。我国高端智库机构的研究人员以本机构各部门的研究人员为主（综合占比 77.14%），这些研究人员均有博士学位，且在对应的研究领域已取得诸多有影响力的学术成果；另外还有部分研究人员（占比 22.86%）来自国内其他科研机构、知名高校、企业、行业组织等，例如中国人民大学国家发展与战略研究院、中国人民大学经济研究所、中诚信国际研究院、中诚信国际信用评级有限责任公司、中国国债协会等组织通力协作，形成了跨领域、跨机构、跨部门的研究团队，但缺乏与国际智库及国外专家学者的深度合作。

（二）领域与议题

将筛选整理后的国内外智库报告分别导入 Nvivo14 软件，对文本内容进行词频分析，从整体上把握当前国内外智库研究关注的热点议题及内容趋势。从图 5 至图 9 的关键词云图可以看出，联合国教科文组织、世界银行、世界贸易组织、国际货币基金组织

图 5　联合国教科文组织关键词

图 6　世界银行关键词

图 7　世界贸易组织关键词

图 8　国际货币基金组织关键词

图 9   世界卫生组织关键词

以及世界卫生组织分别围绕"education""countries""trade"
"financial""health"五大主题,充分融合"global"要素,将组
织自身特色与全球稳定发展紧密结合,以着力解决当前及未来一
段时期内的全球经济、科技、环境、民生、财政等领域问题为目
标,产出诸多系列性的特色出版物,其国际影响力和政策参考性
也随研究实践的深入快速提升。

目前,我国高端智库机构包括党政综合性研究机构、依托大
学和科研机构形成的专业性智库、依托大型国有企业的企业智库
以及基础较好的社会智库四大类,主要研究领域涵盖国家发展战
略、国家治理、公共政策、宏观经济、金融问题、科技发展、能
源战略、国际问题等,聚焦国内经济社会发展实际进行针对性的
创新研究,并已形成一些类型齐全、领域多元的智库报告,逐步

推动智库建设走出一条符合中国国情、具有中国特色的发展道路。客观上来看，国内智库机构的研究取向偏宏观政策，对国际经济和政治等领域的研究相对较少，也未能全面解析、追踪社会热点问题，如社会公平中的收入分配不均和社会福利不足、文化传承中的传统文化保护和文化多样性维护等。高端智库报告主题分布矩阵如图 10 所示。

（三）问题挖掘

智库报告与社会现实密切相关，一份高质量的智库报告必须聚焦重大话题，研究"真"问题，并对社会现实问题进行客观、全面、深入、细致分析。结合智库研究领域及议题分析结果，进一步对比挖掘国内外智库报告研究的问题可以发现，国际组织的研究更聚焦当下全球演变、国计民生等重大话题，例如数字全球化、全球气候问题、移民难民问题、国际争端处理，且对上述问题有长期持续的系统研究（以年度报告呈现），这与国际组织的职能定位基本一致。国内有些智库的研究紧紧围绕党和政府工作大局、社会民生关切问题，如扶贫减贫理论与实践、农业农村现代化建设、数字政府建设与发展、跨区域协同创新、能源转型发展；另有一些智库对国际形势特别是对世界经济形势进行深刻分析与预测，如"国际形势黄皮书""世界经济黄皮书"。此外，还有少部分智库将国际因素纳入中国问题研究过程，如中国科学院组织撰写的《碳中和：逻辑体系与技术需求》，结合中国能源问题与全球碳排放和碳中和实践，对"怎样实现碳中和"这一社会普遍关心的问题进行较全面的解读；国务院发展研究中心系列报告《推动共建"一带一路"高质量发展：进展、挑战与对

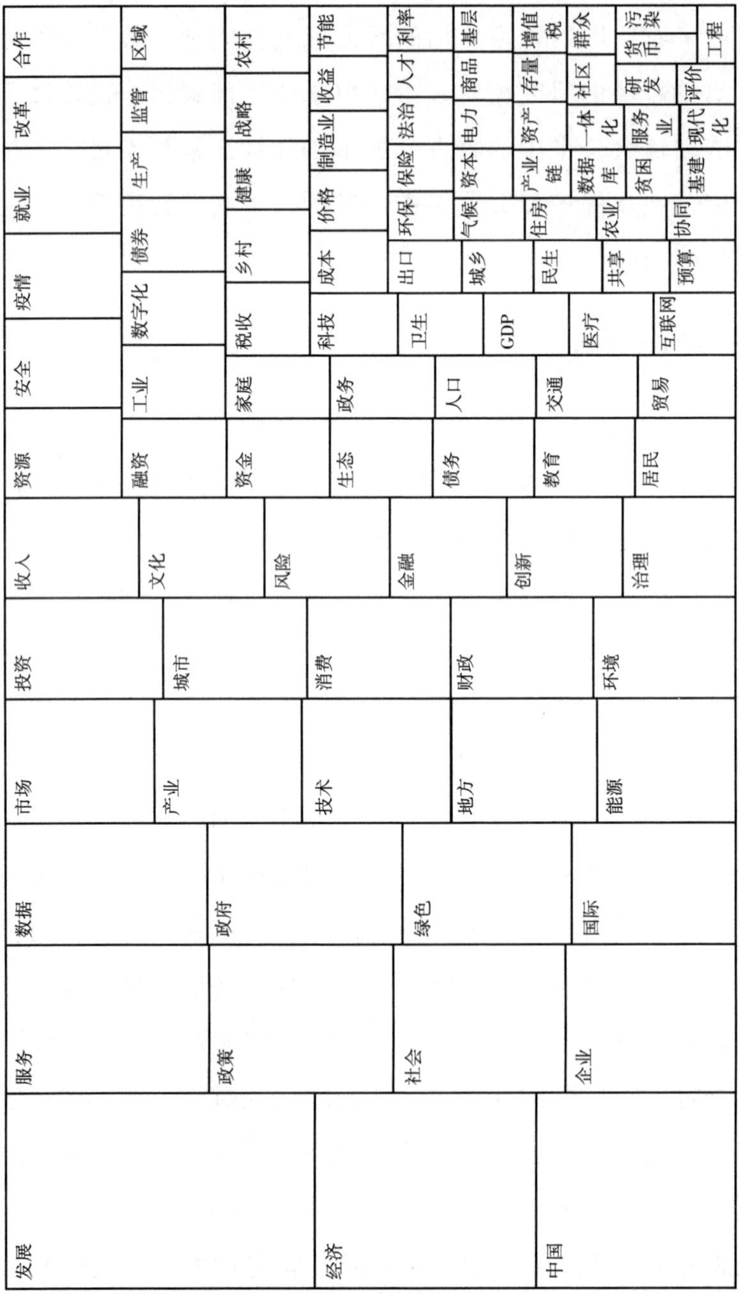

合作　区域　农村　节能　利率　基层　增值税　群众　污染　工程
改革　监管　战略　收益　人才　商品　存量　社区　研发　评价
　　　生产　健康　制造业　法治　电力　资产　一体化　服务业　现代化
就业　债券　乡村　价格　保险　资本　产业链　数据库　贫困　基建
疫情　数字化　税收　成本　环保　气候　住房　数据　农业　协同
　　　　　　科技　出口　城乡　GDP　民生　共享　预算
安全　工业　家庭　政务　人口　交通　贸易
　　　　　　　卫生　　　医疗　互联网
资源　融资　资金　生态　债务　教育　居民
收入　文化　风险　金融　创新　治理
投资　城市　消费　财政　环境
市场　产业　技术　地方　能源
数据　政府　绿色　国际
服务　政策　社会　企业
发展　经济　中国

图10　高端智库报告主题分布矩阵

策研究》，为各方携手应对全球发展面临的共同挑战提供智库力量。但是，国内智库报告更多是以发达国家经验启示为参考，关于中国问题对全球发展的借鉴应用仍停留于泛泛之谈阶段，问题挖掘和实情融合的深度还不够，对现有领域议题缺乏长期持续的系统性探讨，内容质量参差不齐。

四　资料源与结果

（一）研究资料

　　智库的核心资源是知识及附着在知识上的各类信息，而知识常常沉淀于智库成果之中。在大数据环境下，海量数据信息聚集而至，需要全方位探索数据资料对智库发展的影响和帮助。不可否认，智库报告的撰写如果没有一手调研数据，同时缺少数据的收集、归纳、提炼和解析等环节，就会导致研究数据不充分、不准确、不具代表性，抑或空有数据而无立场、无观点、无判断，从而影响报告整体质量。在数据资料获取方面，国际和国内智库研究的一手数据占比均不高，其中，国际组织智库报告的一手数据占比约为 21.37%，二手数据占比约为 78.63%；国内智库报告的一手数据占比约为 13.16%，二手数据占比 60.52%，另有 26.32% 的报告缺乏有效的数据支撑。国内外智库报告数据来源如表 3 所示。在数据分析方法的选择应用方面，国际组织主要采用可视化分析、机器学习、文本编码、计量模型分析等，国内智库机构主要采用政策文本分析、案例研究（单案例或多案例）、聚类分析、问题取向评估、描述性统计等，定量方法和大数据技术应用还相对有限。

表 3　国内外智库报告数据来源

智库机构	一手数据	二手数据
国际组织	参与式观察、焦点小组讨论、访谈、问卷调查、主题会议	官方数据、国际组织数据库、专利数据库、政策法规、学术文献、研究案例、二手调查数据、行业数据、IMF 预测数据
国内智库	问卷调查、深度访谈、实地观察	官方数据、统计年鉴数据、智库报告数据、学术文献、行业数据、Wind 数据库

智库的本质在于知识生产和知识应用，为提升智库成果的多样性和可信度，研究人员必须使用来自不同信息源的知识，确保其内外竞争立场的代表性与平衡性（Rosenstiel、Gottlieb 等，1999）。现阶段，对于信息源多样性的测度主要依据参考文献类型划分，包括期刊、书籍、会议论文、报纸和杂志、网站资料、官方资料、第一手资料、研究报告、学术论文等。通过对国内外智库报告的信息来源引用模式进行比较发现，不同的智库在信息源应用方面存在很大差异，即使是同一智库机构，在不同出版物或不同时间跨度内使用的信息也会存在一定差异。图 11 是国际组织智库报告的引文资料类型分布，可以直观看出，期刊、网站资料、智库报告、图书、官方资料的引用占比较高（均为 10% 以上），国际组织智库报告、工作论文、政策文件等资料也被广泛应用于智库报告的撰写过程，另外还有少部分研究参照报纸、会议论文、调查报告、新媒体资料等具有较强时效性和现实性的资料，其最大限度地发挥了智库知识生产机制的价值及能效。国内智库机构在报告撰写过程中，主要信息源包括期刊、图书、报纸、官方资料、智库报告、网站资料、政府白皮书、国际组织智库报告、调查报告、工作论文等（见图

12）。值得关注的是，约有 6.49% 的智库报告没有任何参考文献，缺乏权威的论据材料，实践探索与理论研究的衔接偶有中断。

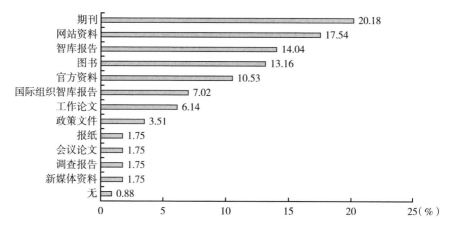

图 11　国际组织智库报告引文资料类型分布

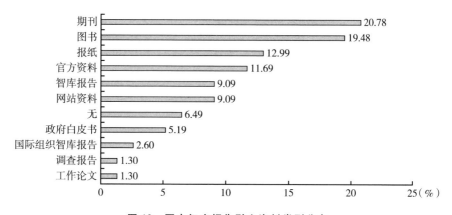

图 12　国内智库报告引文资料类型分布

（二）成果形式及应用

智库报告是智库成果的主要表达形式，也是智库价值实现的重要载体，按照其是否被公开出版发行，可分为图书（如蓝皮书）和未以图书形式发布的研究成果。目前，在国际组织智库的成果中，73.33%为官网直接发布的成果报告，16.67%为正式出版的图书，另有10%为计划和会议文件。与之相反，我国高端智库成果载体以图书为主（占比82.86%），不以图书形式出版的智库报告占17.14%，这在一定程度上保护了智库研究人员的著作权，以及与著作权有关的权益。进一步分析智库报告的文本内容发现，国际组织智库报告有英语、阿拉伯语、汉语、法语等多语种版本，我国高端智库的报告主要采用中文撰写，仅有新华社同时发布中英文研究报告。国际组织智库报告不论是否以图书形式发布，其电子版文稿均可在国际组织官网免费下载，而我国高端智库成果在信息公开方面程度偏低，尽管皮书数据库有效整合了优质智库报告和学术成果等内容资源，但不同智库机构间资源共享机制不畅通，研究成果碎片化问题依然存在（部分智库官网并未公开出版物信息），这使得已有智库成果在国内的传播与转换受阻，在国际上的沟通与碰撞极为有限。

智库研究的核心在于研以致用，应基于数据和证据，秉持科学的态度和方法理念，通过反复证伪和反驳的过程改进要素条件，激活知识、思想或资源在智库网络内外的融通效率，最终形成客观科学的研究成果。如世界银行的最新研究成果 *Nature's Frontiers：Achieving Sustainability，Efficiency，and Prosperity with Natural Capital*，聚焦"效率差距"问题分析，采用新的数据源、数据采集技术、前沿的生物物理和经济模型，协同 NatCap 和世界银行团队评估 146 个国家如何以更有效持续的方式利用其自然资本，据此得出可持续资源效率前沿领域的对策建议。

我国高端智库的报告主要基于现状问题进行学理性分析，理论逻辑严谨科学，但对策研究部分不够厚重，缺少系统化的链式论证过程。一些蓝皮书内容丰富，多种分报告云集，政策建议的说服力和现实参考性却略显薄弱。另外，智库研究的往往是跨学科、多领域的综合性复杂问题，致力于输出高质量的智库成果，其能够拓展至其他领域乃至其他国家和地区，并为全国及全球发展提供政策指导，是智库科学可持续发展的重要保障。客观来看，国际组织智库报告由于其研究的问题全球性，诸如世界经济和全球贸易问题本身就具有高度的延展空间，加之国际组织的跨际、跨域团队网络，极大提升了智库成果在世界范围内的影响力。国内智库协同融合时点、时期和时代发展特色，聚焦国家战略发展全局，立足府际和区际实情，对经济、社会、科技、民生等重要领域进行系统性阐述，提出不少建设性强的对策建议，但其普适性和拓展应用价值仍有待提升，例如财政税务领域和经济社会领域的相关建议缺少融通，国内与国际政策的对话机制不完善，存在就问题谈问题、就政策谈政策的结果固化问题，政策视野和宽度亟须进一步扩大。

五　结论与启示

中国特色新型智库的高质量发展，离不开高质量的智库成果，这就要求把结构优化与质量提升贯穿于智库建设全流程。本文从国际国内比较视角出发，按照"历时与结构-主体与主题-资料源与结果"逻辑链，聚类比较国际组织和国内高端智库报告的特点及差异，探寻我国智库报告高质量发展进程中面临的瓶颈和提升路径。研究结果表明，中外智库建设总体呈现多元融合的发展布局，持续输出了诸多较高水平的智库报告，但由于国际组织和国内智库的战略定位不同，其研究视野与议题领域的宽度及深度亦存在一定差异。国际组织更关注全球可持续问题，融合新技术、多学科、跨领域要素进行科学的预测分析，而我国智库主要从党和国家事业发展全局出发，聚焦国内政治、经济和社会实际，研究主题多元、内容丰富，但在研究持续性、结构规范性、议题精准性、方法前沿性、政策协同性等方面还存在一些现实问题，且国际性因素融入较少，智库影响力和竞争力受限。

基于上述分析结果，结合智库理论及实践问题探讨，得出以下三方面的启示：一是重塑智库报告内容结构，持续提升研究成果的规范性水平。智库报告作为智库成果的核心载体和表现形式，其行文结构和逻辑脉络必须严谨科学，篇幅长度适中，要在规范性和适应性之间寻求平衡以获得结构韧性。探索智库报告的组合和整合方式，如蓝皮书的篇章结构，除总报告和分报告外，其他部分可结合不同领域皮书的特色设置多个专题报告，并对其细分领域进行深度挖掘，在共性与个性的内容融合布局中搭建标准化的体系结构。二是凝练拓展问题集，以新数据方法和多源信息流严控内容及过程。智库研究不必追求大而全，但一定要聚焦"真"问题，回应社会核心关切，围绕特定领域建立并拓展细化问题库，善用混合研究方法，多渠道应用统计数据、文献资料、语义数据、实践案例等，进行前沿性、可持续性的过程性探讨，把"小"问题做实做精，提高学术原创性。三是拓展全国视野与国际视野，着力提高政策结果的落实落地效率。政策建议是智库报告的落脚点，也是发挥智库话语权、提升研究成果影响力的关键一环。应立足本土，深耕国内国际两大主体，破除学术研究与实践研究的壁垒，强化对政策结果的应用性评估，为中国发展提供全局性、战略性、前瞻性和储备性的资政建议；同时能够在全球治理体系中发出中国声音，向国际社会传播中国经济社会发展的成功经验，为全球发展贡献中国智慧。

智库研究是一项系统工程，涉及选题、内容、结构、方法、措施等方面，尽管本文在样本筛选上严格遵循科学的标准和流程，参照适配的逻辑体系进行聚类探讨，但难免会因价值偏差而遗漏间接性关键信息，如智库机构间的协同攻关，且尚未对不同类型的智库成果进行针对性分析研究，未来可以根据智库类型划分与知识社会联动开展更深入细致的研究，切实保障智库机构能够贡献高质量的智库报告，最大限度地发挥智库对经济社会发展的支撑引领作用。

参考文献

陈安、贾传玲、李鹏杰等：《智库报告类型和特征研究》，《智库理论与实践》2017 年第 4 期。

潘教峰、杨国梁、刘慧晖：《智库 DIIS 三维理论模型》，《中国科学院院刊》2018 年第 12 期。

裴瑞敏、杨国梁、潘教峰：《智库型组织的发展逻辑：内涵功能、演进动力与研究特征》，《科研管理》2022 年第 10 期。

宋姗姗、王金平、邱科达：《智库协同创新的知识协同评价体系构建与实证研究》，《情报杂志》2022 年第 4 期。

王珂、郑军卫：《国内智库的主要研究方法比较分析》，《情报杂志》2021 年第 9 期。

谢曙光主编《学术出版研究——中国学术图书质量与学术出版能力评价》，社会科学文献出版社，2018。

薛澜：《智库热的冷思考：破解中国特色智库发展之道》，《中国行政管理》2014年第5期。

Abelson D E, "Public Visibility and Policy Relevance: Assessing the Impact and Influence of Canadian Policy Institutes," *Canadian Public Administration* 2 (1999).

Fraussen B, Halpin D, "Think Tanks and Strategic Policy-making: The Contribution of Think Tanks to Policy Advisory Systems," *Policy Sciences* 1 (2017).

Hart P, Vromen A, "A New Era for Think Tanks in Public Policy? International Trends, Australian Realities," *Australian Journal of Public Administration* 2 (2010).

Mahmood A, Ayub J M, "Diversity of Information Sources: An Evaluation of Global Think Tanks Knowledge Construct," *Research Evaluation* 3 (2019).

Tchilingirian S J, "Producing Knowledge, Producing Credibility: British Think-tank Researchers and the Construction of Policy Reports," *International Journal of Politics Culture & Society* 2 (2018).

Wells P, "Prescriptions for Regional Economic Dilemmas: Understanding the Role of Think Tanks in the Governance of Regional Policy," *Public Administration* 1 (2012).

Rosenstiel T, Gottlieb C, Brady L A, "Quality Brings Higher Ratings, but Enterprise is Disappearing," *Columbia Journalism Review* 4 (1999).

Coman R, "Why and How Do Think Tanks Expand Their Networks in Times of Crisis? The Case of Bruegel and the Centre for European Policy Studies," *Journal of European Public Policy* 2 (2018).

皮书出版规范

经济类皮书的准入、研创与评价

张铭晏*

摘　要：当前经济类皮书主题较多，按主题可划分为宏观经济类、区域与城市经济类、战略发展类、产业经济类、地方经济类、地方战略发展类，每一类别下都有各类细分研究主题。以 2022 年版经济类皮书为例，根据 2022 年版皮书评价结果，经济类皮书内容质量整体较好，但社会影响力还有提升的空间，可以从媒体影响力上进行提升和改进。本报告从皮书准入和皮书评价两方面，提出经济类皮书存在以下问题：主题宽泛，未聚焦到所研究的领域；皮书框架缺少学科体系和学术体系支撑；评价报告的指标体系设置不合理；实证性较弱，对策建议空泛；预测分析类皮书基础数据使用不合理，预测结果可能不准确；皮书出版后的发布和宣传不及时，成果转化效率低等。针对以上问题，本文提出以下建议：经济类皮书应聚焦当

*　张铭晏，社会科学文献出版社皮书分社编辑。

前国家政策策划皮书主题；以问题为导向，加强皮书的实证性；采取权威的数据、科学的分析方法进行预测分析；及时发布和宣传皮书，提高皮书的社会影响力等。

关键词： 经济类皮书　皮书准入与评价　皮书影响力

经济类皮书是对经济社会发展状况、社会热点问题进行年度监测，包含对国内外经济态势情况分析、经济发展现状分析和评估、未来经济形势预测展望等的公开出版的皮书系列的统称。第一种经济类皮书，同时也是皮书系列的首部皮书"经济蓝皮书"，可追溯至1991年底中国社会科学院主编的《1991年：中国经济形势分析与预测》，这是我国第一部关于本年度经济形势分析和对下一年经济走势预测的报告的合集，也就是目前的"经济蓝皮书"的前身。1997年起，社会科学文献出版社对皮书进行系列化、市场化、品牌化运作，除了第一部开山之作"经济蓝皮书"，还相继出版了"世界经济黄皮书""农村绿皮书""人口与劳动绿皮书"等多部皮书，从最早针对我国宏观经济进行研究的主题，逐步扩充到区域经济、地方经济、战略发展等主题。

一　经济类皮书的主题

当前，经济类皮书按照主题可分为宏观经济与战略发展、区域与城市经济、产业经济、地方经济四类，共有200多种，部分行业类皮书未从产业经济角度进行研究分析，故未在本文的统计范围中。本文再根据研究主题将其分为宏观经济、战略发展、产业经济、区域与城市经济、地方经济、地方战略发展六类进行分析，以 2022 年版皮书为例，细化研究内容如图 1 所示。宏观经济类皮书有宏观经济分析与预测、数字经济、经济高质量发展、财政与税收等主题；战略发展类皮书有共同富裕、可持续发展、碳达峰碳中和、黄河流域发展等主题；产业经济类皮书有产业竞争力、房地产业、邮轮产业、新能源汽车产业等主题；区域与城市经济类皮书有京津冀发展、商务中心区、经济特区、粤港澳大湾区建设等主题；地方经济类有经济分析与预测、数字经济、对外经济贸易等主题；地方战略发展有碳达峰碳中和、城乡融合、乡村振兴、生态安全与绿色发展等主题（见图 1）。

在近两年的皮书准入选题中，准入通过了中国式现代化、健康中国建设、绿色财政、东西部协作、城市更新、都市圈建设、ESG 投资等重大主题的皮书，并都已进入研创出版环节。

由此可见，当前经济类皮书主题较为广泛，既有经济分析与预测、经济高质量发展、农村经济等传统经济学分类的主题，也有数字经济、碳达峰碳中和、共同富裕、生态文明建设等新兴领域和国计民生重点领域的主题。

二 2022 年版经济类皮书评价情况①

参与 2022 年版皮书评价的经济类皮书共有 163 部，其中，

---

① 本部分数据均来源于出版研究院/皮书研究院。

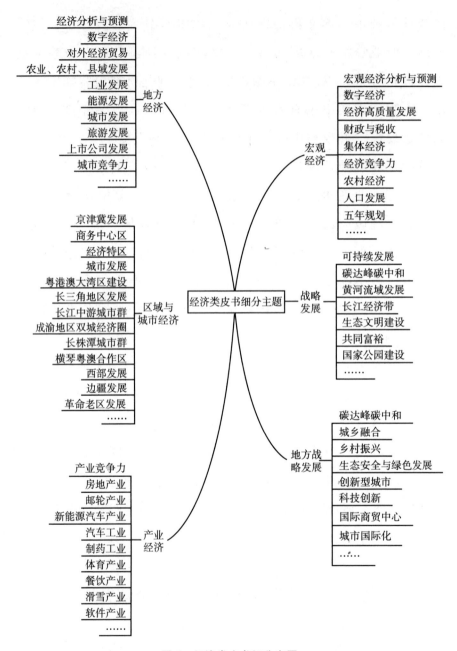

图1　经济类皮书细分主题

宏观经济与战略发展类皮书有 34 部，产业经济类皮书有 22 部，区域与城市经济类皮书有 30 部，地方经济类皮书有 77 部。2022 年版皮书评价继续沿用等级评价的方法，经济类皮书中，共有 3 部皮书综合评价等级为 A+，39 部皮书综合评价等级为 A；有 116 部皮书的综合评价等级为 B+和 B；有 5 部皮书的综合评价等级为 C+和 C。根据皮书评价指标体系，皮书的综合评价结果是由内容质量等级和社会影响力等级合成的。对于内容质量等级，A+级和 A 级的皮书共有 64 部，B+级和 B 级的皮书共有 91 部，C+级和 C 级的皮书共有 8 部。对于社会影响力等级，A+级和 A 级的皮书有 35 部，B+级和 B 级的皮书有 43 部，C+级和 C 级的皮书有 85 部（见表1）。

经济类皮书内容质量整体较好、等级较高，但是社会影响力还有提升的空间。社会影响力指标包含媒体评价指标和发行量指标，即使不考虑发行量这一客观指标，经济类皮书的媒体评价指标也较低，等级为 C+和 C 的皮书多达 92 部。经出版研究院/皮书研究院统计，在 163 部参与评价的 2022 年版经济类皮书中，有 79 部召开了发布会，还有 84 部未召开发布会。

表 1　2022 年版经济类皮书评价情况

单位：部

指标	A+级、A 级	B+级、B 级	C+级、C 级
内容质量等级	64	91	8
社会影响力等级	35	43	85
综合评价等级	42	116	5

三 经济类皮书存在的问题

（一）经济类选题准入时存在的问题

1. 主题宽泛，未聚焦到所研究的领域

皮书主题应聚焦重大理论和现实问题、国计民生重要领域、地方当年重点热点问题等。皮书的研究主题是指该皮书研究的主要问题，是研究领域的进一步集中。在近年来申请皮书准入的新皮书选题中，可以看出许多新皮书选题有意识地结合当前国内外重要的发展形势、国家最新政策等进行皮书主题的确定和框架的设置，这是值得鼓励的。但是有部分皮书选题的主题宽泛不聚焦，只是为了跟随国家关注的热点问题而设计目录框架，目录中看似全篇报告都在结合这一国家关注的热点问题，但实际缺乏该皮书本身应侧重的主题，没有聚焦到该皮书所研究的领域。例如，皮书作为服务于中国特色社会主义建设的出版传播平台，应深入研究中国式现代化进程中的重大理论和实践问题。皮书应结合中国式现代化这一伟大进程的历史背景，寻找该领域中的重点和热点问题进行研究，而非空泛地对"中国式现代化"本身进行研究；此外，数字化发展是未来的大势所趋，数字赋能也成了当前社会中的热点话题，若以此作为皮书的选题，则应侧重数字赋能某一领域或行业，如数字赋能经济高质量发展、数字赋能制造业企业发展、数字赋能助力乡村振兴等议题，而非对"数字赋能"本身进行研究。

2. 皮书框架缺少学科体系和学术体系支撑

皮书准入时存在的一个重要问题是目录框架的论文集化，缺少学科体系和学术体系支撑。论文集化是指目录中各篇报告的主题虽然一致，但逻辑独立，没有一定的逻辑联系，缺少相关性，选题碎片化明显，没有体现出学科视角。同时，综合性主题的皮书以及与区域协同发展主题相关的皮书，往往难以从整体上把握皮书框架的逻辑，这类皮书涉及多个领域或学科，由于研创团队未做整体统筹造成各领域单独研究、各区域单独研究，最后皮书只是各领域、各区域研究的合集，从而导致全书学术体系不健全，研究逻辑不连贯，主题不聚焦。

3. 评价报告的指标体系设置不合理

经济类皮书中有部分评价评估类主题的皮书，这类皮书在准入评审时相对严格，不但要像其他主题的皮书一样评审目录框架等内容，还需要对指标体系的设置是否合理进行评审。对于指标的选取和指标体系的设置，往往存在一些问题，例如评价对象选取不明确，无法判断是对不同年份之间的评价对象进行纵向评价，还是对当年评价对象的不同方面进行评价；选择的指标难以评价，如某选题拟评价经济的高质量发展程度，但选取的指标是"加强政治建设""提高政治能力""深化理论武装"等，这是一般性的表述，而非指标；选取的指标不合理，如评价各省或城市的相关经济指标，选取了"GDP 总额"和"就业人员数"，但由于不同省份和城市规模不同、人口结构不同、产业结构不同，所以应该为"人均 GDP"和"就业率"等指标。

（二）经济类皮书评价时存在的问题

1. 实证性较弱，对策建议空泛

皮书的实证性是指通过对研究对象进行大量的观察、实验和调查，或通过对公开出版以及公开发表的数据进行整理、分析，得出结论和对策建议，并且对策建议应具有较强的针对性和可操作性，预测、展望应有理论支撑和客观依据。部分报告的实证性较弱，对于现状分析较为空泛，缺少较有信服力的数据分析或调查结果，缺少问题导向思维。部分报告缺少由现状分析引出的该领域现阶段存在的问题，或者提出了该领域存在的问题，但与前文现状分析关联度不高，同时，提出解决问题的对策建议也较为空泛，常见的较空泛的对策建议是与该领域发展无直接关系，没有针对现状和问题提出建议，可操作性不强，基本可以套用在任何一个领域或一个行业中。现状、存在的问题、对策建议这三部分增加相关性和联结度，并且加强对策建议的针对性和实操性，是当前皮书报告提升实证性的一个关键点。

2. 预测分析类皮书基础数据使用不合理，预测结果可能不准确

皮书应该以数据说话，以数据分析为基础作形势分析和研判，经济类皮书尤其如此。部分预测分析类皮书，使用当年经济数据预测下一年度的经济情况是皮书报告的主要内容。为了保证皮书内容的时效性，预测分析类的皮书出版时间应在当年年底或下一年年初，考虑到出版周期 3 个月左右，这类皮书最晚也要于当年 9 月份交稿，这类皮书使用的数据最新可能也只是当年前三季度的数据。皮书报告的预测部分常常以当年度前三季度数据预

测下一年度一整年的数据，这种情况在地方经济类皮书中较为常见。但这种情况可能会因为使用年度数据不全面、不合理导致预测数据不准确或不可信，根据预测结果数值进行分析得到的下一年度发展形势和对策建议就可能不够权威。

3. 皮书出版后的发布和宣传不及时，成果转化效率低

作为智库报告，与一般学术专著不同，皮书具有资政建言的作用，所以应重视皮书出版后的发布和宣传环节。皮书的媒体影响力是社会影响力的重要组成部分，也是皮书宣传效果的直接体现。整体来说，经济类皮书的内容质量较高，但从综合评价结果来看，部分皮书因为社会影响力等级较低，从而影响其综合评价结果。部分皮书在出版后没有召开发布会或宣传不到位。有些皮书课题组即使召开了发布会，但对皮书的宣传也仅仅是完成任务式地在发布会前后的短期时间内进行宣传，尚未形成长期稳定、可持续的、多方位宣传模式；根据媒体评价情况，当前皮书的媒体宣传以公共媒体为主，渠道较为单一，部分皮书缺乏自媒体使用的灵活度。皮书在出版后的发布和宣传不到位，也会间接影响到皮书作为智库成果转化的效率。皮书报告的社会影响力和热度低，就难以形成智库成果转化的动力，本应具有资政建言作用、可以向相关政府或主管部门提出对策建议的皮书报告也就失去了其作为智库成果的应有价值。

四 经济类皮书研创和发展的建议

1. 聚焦当前国家政策，策划皮书主题

皮书作为哲学社会科学应用对策性研究成果和智库成果的出

版发布平台，是服务于党和政府决策、服务于社会和行业发展的重要载体，应深入贯彻落实习近平新时代中国特色社会主义思想和党的二十大精神，牢牢把握正确的政治方向、学术导向和价值取向；应聚焦中华民族伟大复兴的战略全局，立足中国、借鉴外国，挖掘历史，把握当代。皮书课题组在研创皮书时，应紧密联系当前国家发展形势，关注国家最新政策，发挥皮书课题组所在领域的研究优势，确立皮书主题。皮书应围绕国之大局、国之大事、国之大计，聚焦重大理论与实践问题，聚焦关系国计民生领域的重大事件，开发新兴领域和交叉学科领域的热点选题。

2. 以问题为导向，加强皮书的实证性

皮书作为智库报告的一种形式，在研创时应注意体现智库报告的对策性和资政性。经济类皮书从框架设置到报告撰写，都可以秉承由形势分析到深度专题解读的分层次研究思路，经济类皮书报告在研创时常使用数据整理、分析或调查研究的方法进行现状分析或对未来趋势进行预测和展望。现状分析和调查研究等都应以问题为导向，由现状分析和调查结果引出该报告要提出的重点、热点和难点问题，分析问题出现的原因，深度研判形势，并提出针对性和可操作性的对策建议。

3. 采取权威的数据、科学的分析方法进行预测分析

国家官方发布的各类经济指标一般比较及时，对于经济类皮书，尤其是预测分析类的皮书，在进行形势分析和预测分析的时候，应使用国家最新发布的经济数据，选取权威机构发布的数据，从基础数据上确保准确和权威。在预测分析时，尽量以年度数据为基础，避免以几个季度的数据预测下一年全年形势。对于在年底出版来不及获取最新全年数据的皮书，建议避免对经济指标进行数值上的预测，可以通过当年经济指标和经济形势，对下一年度宏观经济环境、经济相关领域发展、涉及当地经济热点重点问题等分主题和领域进行分析预测。这种预测方法可以以每年的"经济蓝皮书"为例。

每年的"经济蓝皮书"都于上一年年底出版，2023年版的经济蓝皮书《2023年中国经济形势分析与预测》于2022年12月出版，该书对于2023年中国经济发展的国内外环境和基本走势进行了预测，并没有使用一些皮书或专著惯用的预测经济指标数值的方式，反而通过分析国际和国内经济形势的突出特点来进行预测分析，例如全球经济下行压力大，一些经济体可能面临衰退；全球格局持续演变，国际供应链在调整中面临新风险；国内经济增长在震荡中逐步恢复，结构性不平衡问题有所凸显；物价水平总体稳定可控，输入性通胀风险仍需谨慎等。"经济蓝皮书"从宏观经济发展和大环境入手预测下一年度的形势，既预测了国际和国内经济趋势，又预测了物价水平、科技体制改革、产业链供应链发展、新型城镇化等多个民众关注的重大国计民生问题，其预测结果的准确性远高于仅有具体经济指标的数值预测结果。

4. 及时发布和宣传皮书，提高皮书的社会影响力

皮书的社会影响力是皮书品牌建设的重要方面，皮书课题组应高度重视皮书的社会影响力，将皮书的发布和宣传作为研创皮书的重要一环，建立稳定和持续的宣传推广机制。及时召开发布会，在发布会前进行媒体预热，在发布会后抓住社会热点及时解读。经济类皮书，往往与国内外经济形势和国家最新战略相关，建议持续跟踪社会热点，与皮书内容相结合进行宣传；进一步开拓皮书的发布模式和方法，例如，使用线上线下结合的方式召开皮书发布会，扩大发布会的参与人群，或录制相关宣传片等，增加皮书传播的宽度和广度，从而提高社会影响力；皮书课题组应开发多元化的宣传途径，不仅限于公共媒体的宣传，除了官方公共媒体，及时利用自媒体平台，建立自己的自媒体账号，满足当前用户对于新闻的及时、快速、碎片化的阅读需求；皮书课题组应加强对成果的转化，在相关领域的学术期刊或行业期刊发表学术文章，扩大学术影响力，同时加强宣传皮书中的政策解读和对策建议等部分，引发公众的讨论、互动和热议。

5. 发挥皮书的智库特色，加强皮书的学科体系和学术体系建设，提高皮书话语权

习近平总书记在哲学社会科学工作座谈会上的重要讲话中，明确要求不断推进学科体系、学术体系、话语体系建设和创新。构建具有自身特质的学科体系、学术体系、话语体系，全面阐释了加快构建中国特色哲学社会科学"三大体系"遵循的基本原则。皮书作为哲学社会科学应用对策性研究成果，是智库成果的一种形式，皮书报告的写作形式与论文不同，应该体现出智库报告的特点。同时，皮书作为集体成果，要有一定的整体性，学科体系正是皮书整体性的基础。学术体系是学科体系的具体表现，这两者相辅相成，为话语权提供必要的支撑和基础。皮书主编在对本年度皮书进行组稿时，应在学科体系的支撑下构筑皮书框架，并且在学科体系的基础上规范学术体系，科学使用学科研究方法和工具。只有学术概念和术语的界定明确并使用得当，围绕研究主题有了分析思路和逻辑，形成权威的集体话语权，才能更好地发挥皮书的应有作用。

参考文献

习近平：《在哲学社会科学工作座谈会上的讲话》，人民出版社，2016。

沈雁南：《以"三大体系"为指导，引领皮书高质量发展》，载谢曙光主编《高质量发展场景下的皮书研创、出版与传播》，社会科学文献出版社，2021。

谢曙光主编《皮书手册：写作、编辑出版与评价指南》（第四版），社会科学文献出版社，2020。

社会类皮书研创与评价[*]

——以 2021 年版社会类皮书为例

胡庆英[**]

摘　要：本文从皮书规范视角出发，聚焦社会类皮书研创与发展，通过对比分析 2021 年版的全国性社会类皮书和地方性社会类皮书的研创单位所在地和持续出版时间，发现无论是全国性社会类皮书还是地方性社会类皮书，研创单位都聚集在北京等大城市，分布并不均匀，在持续出版时间上相对比较稳定，此外，全国性社会类皮书新增皮书较多。在皮书评价方面，两类皮书都符合正态分布，也就是大部分处于中等水平。基于这些发现，结合皮书研创出版过程中发现的问题，提出了社会类皮书研创和发展的相关建议，如拓展皮书品种、优化皮书结构、加强对作者队伍的管理、加大调研力度和加强同编辑的沟通等。

---

　[*] 本文涉及的皮书出版、评价相关数据均来自出版研究院/皮书研究院。

[**] 胡庆英，社会科学文献出版社群学分社副社长，研究方向为社区社会工作、社会组织发展等。

关键词：社会类皮书　皮书规范　皮书评价　皮书研创

2019 年，党的十九届四中全会提出了坚持和完善中国特色社会主义制度、推进国家治理体系和治理能力现代化的总目标。党的二十大报告更是提到，未来五年，"改革开放迈出新步伐，国家治理体系和治理能力现代化深入推进"，并将"基本实现国家治理体系和治理能力现代化"作为 2035 年我国发展要实现的总体目标之一，而且"提高公共安全治理水平""完善社会治理体系"也已经上升到国家安全观的高度①。可以说，在未来十多年，提升社会治理水平，推进国家治理体系和治理能力现代化将是一项重要的工作。在这一目标实现的过程中，在共建共治共享社会治理格局构建过程中，作为国家治理重要方面的社会治理需要更好地发挥作用。作为高端智库成果的皮书，特别是涉及社会发展、社会治理、就业、社会保障、法治、慈善等与民生密切相关的皮书，在提供数据、总结经验、资政建言方面将发挥越来越重要的作用。

皮书经过多年的发展，已经形成了一定规模和影响力，成为社会科学文献出版社（以下简称"社科文献"）的重要品牌。在协助研创团队做好皮书方面，社科文献也多方努力，出版了《皮书手册：写作、编辑出版与评价指南》，制定了皮书综合评价指标体系，建设皮书数据库，为作者团队研创皮书提供了大量

---

① 《高举中国特色社会主义伟大旗帜　为全面建设社会主义现代化国家而团结奋斗——在中国共产党第二十次全国代表大会上的报告》，中国政府网，2022 年 10 月 25 日，https：//www.gov.cn/xinwen/2022-10/25/content_ 5721685. htm。

帮助和指引。可以说，在皮书研创、出版方面已经形成了相关规范体系。那么为什么还要谈皮书研创和皮书规范呢？本文将以社会类皮书为研究对象，在进行数据分析、描述研创情况的同时，探讨社会类皮书在研创过程中的规范及未来发展。

一　为什么：发展的需要

首先，社会发展的需要。当今世界正经历百年未有之大变局，国际形势风云变幻。就国内而言，社会发展也日新月异，新经济形态、新职业形态不断涌现，网络经济崛起、外卖骑手增加，直播带货销售成绩不断创新高、直播达人不断涌现，所有这些，都在传递一个信号——社会在变。随着城市化发展，特大城市、超大城市行列不断有新成员加入。根据公布的特大城市、超大城市名单，我国超大城市已经有 8 个，特大城市有 11 个①。面对这些变化，我们不能抱残守缺，也不能故步自封，需要紧跟形势，应对变化和挑战。为适应这种变化，皮书数据库上线了超大城市社会治理子数据库，该子数据库下包含公共安全与风险管理、公共服务提供与保障、社会矛盾预防与化解、区域治理实践、热点议题、治理调查与评估、治理协同与保障、科研服务等专题，基本上涵盖了社会类皮书的所有报告，而且分区域、分专题，汇总了特大城市社会治理相关研究成果。

其次，自身发展的需要。皮书经过 20 多年的发展，从选题评审准入、书稿预审、编校规范到出版后的评价，各种制度越来

---

① 《超大、特大城市名单来了》，新浪网，2023 年 7 月 26 日，http：//news. sina. com. cn/c/2023-07-23/doc-imzcqzstq0773469. shtml。

越完善。围绕皮书质量提升，社科文献也不断探索，如出版《皮书手册》《皮书研究》、举办全国皮书年会，等等。但是，皮书作为一种智库产品，竞品越来越多，面临同行业和不同领域的竞争越来越激烈，无论是"仿皮书"，还是其他以不同形式呈现的智库成果，都在不断进入市场。如中国经济信息社推出的政务智库报告、经济智库报告等，这就不得不使我们在着眼当下的同时放眼未来，在竞争中脱颖而出的同时努力立于不败之地。

最后，作者的需要和读者的需要。皮书研创团队虽然在数据收集和数据处理的过程中做了大量的工作，但在研创的过程中，难免会出现作者团队不稳定、人员水平不一的情况，也难免会有为保证出版时效而没有太多时间和精力关注规范与质量的情况。另外，随着整体社会文化水平的提高和数字资源获取的便捷性提高，读者的需求越来越多元化，而且纠错水平也越来越高。为了满足作者和读者的需求，需要我们从内容质量和编校质量方面不断提高皮书质量，这也是皮书的生命线。

二 是什么：社会类皮书和皮书规范

1. 社会类皮书有哪些

皮书按照封面颜色分类，可分为蓝皮书、绿皮书和黄皮书等；按空间领域分类，可分为全球与地区（国家）类、全国与省区市类、城市与农村类等；按研究内容分类，可分为经济类、社会政法类、文化传媒类、地方发展类、行业报告类、国别区域与全球治理类。本文所分析的社会类皮书，包括社会政法类、地方发展类中的社会类皮书，因此，也可以按空间领域分为全国性和地方性。为叙述方便，本文将社会类皮书分为全国性社会类皮书和地方性社会类皮书。

其中，2021年版参与评价的全国性社会类皮书有58部，地方性社会类皮书有55部，共113部。从涉及主题来看，全国性社会类皮书和地方性社会类皮书还是有一定区别的，全国性社会类皮书涉及的范围更广泛，除了法治、社会发展，还包括就业、社会保障、人权、企业社会责任、教育、党建等，基本上是跟民生、福利等密切相关的领域。地方性社会类皮书则更多的是法治和社会发展。55部地方性社会类皮书中，法治领域的有9部，占比为16%；社会发展和社会治理领域的有17部，占比为31%，两者合计占近一半。从皮书品种连续出版情况来看，全国性社会类皮书出版1年（也就是2021年首次出版的皮书）的有11种[1]，出版10年及以上的有14种。地方性社会类皮书出版1年的只有5种，出版10年及以上的有17种。整体上看，两类皮书，出版时间都主要集中在2~5年，占比均为30%以上。从图1中不难看出，相对来说，地方性社会类皮书出版时间相对较长，相对比较稳定。就全国性社会类皮书来说，随着社会发展，社会领域不断分化，不断有新的科研机构探索以皮书的形式展现相关研究成果，因此，新进入的皮书也比较多。

从地域分布来看，全国性社会类皮书研创单位所在地为北京的达到46部，占比近80%。其中，中国社会科学院相关科研院所研创的皮书有14部。地方性社会类皮书涉及的区域，最多的也是北京，有13部，但研创机构相对来说比较分散；其次是广

---

① 因为分析的是2021年皮书出版情况，此处统计时间也为2021年。

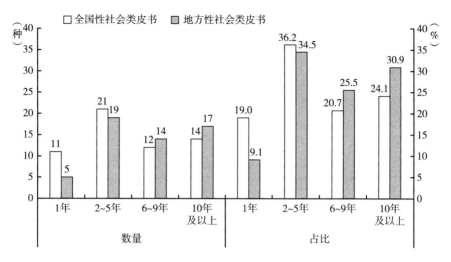

图1 社会类皮书连续出版情况

资料来源：出版研究院／皮书研究院。

州，有5部；河北、河南、上海、深圳均有4部。从地域分布不难看出，很多科研院所在做皮书的时候会扩展开去，比如做了社会发展，可能会做社会治理主题。

2. 皮书规范有哪些

与其他专著相比，皮书出版有很多的"条条框框"，即皮书规范。皮书报告写作也有自己的"套路"。皮书规范最明显和集中地体现在皮书评价指标体系上。皮书评价是对皮书的内容质量、社会影响力等进行评价，皮书评价结果是皮书/皮书报告评奖的依据。但评价是手段、是工具，不是目的。皮书评价是为了激发研创人员的积极性和创造性，提高皮书质量，多出好的作品，最终推动皮书高质量发展和可持续发展。社科文献经过多年探索，建立了一套皮书评价指标体系，共分两个一级指标：一是内容质量，内容质量下分别又设立了研究主题的价值与意义、科学性、实证性、前沿性、规范性、专业性、时效性等二级指标；二是社会影响力，包括媒体影响力、皮书数据库下载量和发行量等二级指标。为便于下文相关评价结果的统计，本文把这些指标分为定量指标和定性指标。定量指标顾名思义，就是可量化的，可以用数量来计算的，如社会影响力、实证性、时效性等；定性指标则需要专家根据皮书内容作出评定，如研究主题的价值与意义、前沿性和规范性等。

三 怎么样：社会类皮书出版评价情况

1. 2021 年版社会类皮书整体评价情况

参与评价的 2021 年版社会类皮书 113 部，其中，全国性社会类皮书 58 部，地方性社会类皮书 55 部。2021 年版皮书评价不同于往年的是，不再采用分数形式，而是设置了 A+、A、B+、B、C+、C 六个等级。从整体评价来看，全国性社会类皮书和地方性社会类皮书都是获评 B+级占比最高，分别为 53.4% 和 43.6%；其次为获评 B 级的，占比分别为 29.3% 和 32.7%（见图 2）。这说明，所有皮书基本上处于中上等水平。获评 A+级相对来说就存在难度，全国性社会类皮书有两部获评了 A+级，这两部皮书为《社会蓝皮书：2021 年中国社会形势分析与预测》和《法治蓝皮书：中国法治发展报告 NO.19》。

2. 内容质量和影响力评价

在内容质量方面，全国性社会类皮书评价等级为 A+的有两部，即《社会蓝皮书：2021 年中国社会形势分析与预测》和《法治蓝皮书：中国法治发展报告 NO.19》；地方性社会类皮书

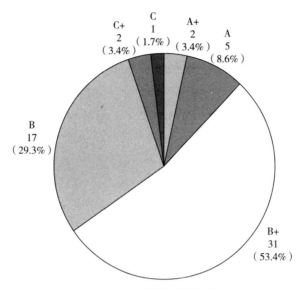

全国性社会类皮书

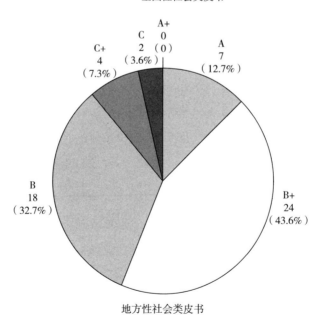

地方性社会类皮书

图 2　社会类皮书整体评价情况

没有获评 A+级的，但获评 A 级的有 13 部，占比为 23.6%；获评
C+及以下等级的全国性社会类皮书有 2 部，地方性社会类皮书
有 5 部。在社会影响力方面，全国性皮书获评 A+级和 A 级的有
10 部，占比为 17.2%，获评 A+级和 A 级的地方性社会类皮书只
有 1 部（见表 1）。可能的原因是，全国性社会类皮书涉及的内
容是全国范围的，在召开发布会时受全国性媒体关注较多，地方
性社会类皮书涉及的内容都是地方性的，发布会更多在地方举
行，影响力相对较弱。

表 1　社会类皮书内容质量和社会影响力评价情况

单位：部，%

评价 等级	全国性社会类皮书				地方性社会类皮书			
	内容质量		社会影响力		内容质量		社会影响力	
	数量	占比	数量	占比	数量	占比	数量	占比
A+	2	3.4	2	3.4	0	0.0	0	0.0
A	11	19.0	8	13.8	13	23.6	1	1.8
B+	28	48.3	10	17.2	20	36.4	5	9.1
B	15	25.9	20	34.5	17	30.9	19	34.5
C+	1	1.7	6	10.3	3	5.5	10	18.2
C	1	1.7	12	20.7	2	3.6	20	36.4
合计	58	100.0	58	99.9	55	100.0	55	100.0

注：因四舍五入的原因，表中百分比之和不等于100%。

从定性指标来看，在研究主题的价值和意义、科学性等指标
方面，无论是全国性还是地方性社会类皮书获评 A 级的比较多，
尤其是在研究主题的价值和意义上，全国性社会类皮书获评 A
级的占比为 87.9%，地方性社会类皮书获评 A 级的占比为
56.4%，说明社会类皮书在选题方面能够紧扣热点，选择的是本

领域内有研究价值和意义的内容。在科学性方面，全国性社会类皮书获评 A 级及以上等级的皮书较多，地方性社会类皮书更多的获评为 A 级和 B 级，这说明大多数皮书在框架设计、报告质量、研究方法和所提建议方面较符合科学性的要求。相对来说，社会类皮书在前沿性和创新性上的评价等级相对偏低。全国性社会类皮书在创新性指标上获评 B 级的有 30 部，占比为 51.7%，获评 A 级的有 17 部，地方性社会类皮书在创新性上有同样的分布趋势。

从定量指标来看，实证性方面，全国性和地方性社会类皮书，获评 A+级的分别有 9 部和 6 部，相对于其他指标来说，是评价较高的。在规范性（署名的规范性和皮书体例规范性）和时效性（出版时间）方面，两类皮书获得 A+级的都在 40 部以上。分析可能的原因：一是研创团队，在研创过程中就严格遵守规范性和时效性的要求；二是在预审预处理和编校环节，编辑也注意这方面的规范。两方面的因素使社会类皮书在这两个指标上的评价等级都比较高。

从以上分析可以得出以下几点：第一，在规范性和时效性方面，除个别皮书有不规范之处外，基本上都能够遵守皮书研创的相关要求；第二，整体来看，社会类皮书在内容质量方面基本都能获评 B 级以上，在社会影响力方面，地方性社会类皮书相对于全国性社会类皮书不占优势；第三，全国性社会类皮书和地方性社会类皮书在评价上分布趋势基本上一致，可以用"掐头去尾"来形容，在各指标上，获评 A+级和 C 级的都很少，中等水平的较多。

四　如何办：社会类皮书研创和发展的建议

根据上文分析的社会类皮书的研创出版情况和评价情况，并结合笔者在皮书编校过程中发现的问题，提出如下几点建议。

第一，各地科研机构和智库机构，尤其是已有皮书的研创单位，可以结合本机构和本地实际拓展社会类皮书品种，延长产品链。"你不做，自然有人做"，研创单位何不抢占先机，做到"人无我有"，从而借助皮书平台提升自己的影响力。如已有社会发展类的皮书，可新增社会治理类、慈善发展类皮书。统计发现，地方性社会类皮书只涉及十余个省市，全国还有不少省份没有社会类皮书，这些省份的科研院所，可以考虑拓展相关领域选题，加大相关皮书研创力度，发挥科研机构作为"智囊团"促进地方发展的作用。

第二，已出版多部皮书的研创单位，要合理安排时间和人员，不断提高皮书研创质量。一是在有"量"的同时，更要注重"质"和"效"的提高。"量"就是数量，有的研创单位已经有好几部皮书，还在不断挖掘新选题。"质"就是质量，质量是基础，是前提。"效"就是时效，就是要按时出版，注意皮书出版的时效性。二是合理做好时间规划。在出版时间安排上，可以根据调研情况，将有的皮书放到上半年出版，有的放到下半年出版。皮书是年度出版物，有出版时间和数据时效性等要求，研创单位尤其是地方性社会类皮书研创单位在编撰过程中可尽早着手谋划主题，提前布局。三是做好人员安排。在人员方面，要特别注意统稿人的安排。统稿人负责整个皮书内容质量、出版进度、与编辑对接等工作，可以说是连接写作和出版环节的"中介"，起桥梁作用。

第三，加强对作者队伍的管理，尤其是对新作者要给予皮书报告撰写规范的指导。如单篇报告的要件，包含哪些内容，有哪些规范性要求，优秀的作者团队是皮书质量的重要保障。

第四，加强一手数据和资料的收集与分析，即加大调研力度。这不仅是社会类皮书所涉领域的要求，也契合当下主题。社会类皮书不同于其他类皮书，很少有二手资料，很多时候需要通过调研获取。在皮书编校过程中发现，通过调查获得一手资料并进行分析后形成的报告，往往是非常好的报告，也不会将报告写成论文。

第五，加强与编辑的沟通交流，尤其是新准入的皮书，在研创过程中，加强同编辑的沟通交流，可以少走弯路。在皮书框架设计、目录等方面都可以提前跟编辑沟通，避免"写了后被删除"而临时凑一篇报告的情况出现。

第六，充分利用社科文献提供的资源和平台。一是用好皮书数据库。皮书数据库集中了所有皮书的相关资讯和资料，可以查找与自己研创皮书相关的内容。二是用好《皮书手册：写作、编辑出版与评价指南》。《皮书手册：写作、编辑出版与评价指南》详细介绍了皮书写作、编辑出版和评价相关的内容，可以拿来对标，提高自己所研创皮书的规范化水平和整体内容质量。三是用好全国皮书年会平台。全国皮书年会不仅给大家提供了有关皮书研创互鉴的平台，还为大家提供了学术交流的平台。大家可以借此机会共同探讨，互相交流，互通有无。

第七，全国性社会类皮书是"风向标"，优秀皮书、优秀皮书报告是"范本"。有些科研机构、智库机构想做某地某领域的皮书，但不知从何抓起时，可以参照全国性社会类皮书的相关主题和内容。新作者不知道皮书报告怎么撰写，怎么才算是好的皮书报告时，可以参考优秀皮书、优秀皮书报告。

参考文献

谢曙光主编《皮书手册：写作、编辑出版与评价指南》（第四版），社会科学文献出版社，2020。

绿色发展与健康中国类皮书的研创规范

王玉霞[*]

摘　要： 绿色发展与健康中国研究兼具基础性和应用性，因此，非常有必要对绿色发展与健康中国进行深入研究。本报告首次以社会科学文献出版社出版的 622 部绿色发展与健康中国类皮书为统计对象，通过内涵与研究对象界定、出版数量分析、报告篇数分析等对该类皮书的研创现状作出较为全面的描述。与此同时，结合绿色发展与健康中国研究的特点与当前皮书研创中的实际问题，本报告梳理了皮书编写规范，同时对其研创方向提出了应重点关注具有全国借鉴意义的绿色发展案例、重点关注老龄化问题在中国的解决方案、对策建设的强操作性应是智库类文章的重点等三点建议，进一步突出皮书的资政性与实用性。

---

[*] 王玉霞，副编审，社会科学文献出版社生态文明分社副社长，研究方向为生态文化、皮书出版。

关键词：绿色发展　健康中国　皮书规范

美丽中国、健康中国是实现社会主义现代化与中国梦的重大战略与奋斗目标。自党的十八大以来，以习近平同志为核心的党中央把生态文明建设摆在治国理政的突出位置，统筹推进"五位一体"总体布局，全方位推进经济社会发展绿色转型，建设美丽中国；同时也把保障人民健康摆在优先发展的战略地位，作出了"实施健康中国战略"的重大部署，制定了一系列改革举措，推动卫生健康事业高质量发展。绿色发展与健康中国类皮书是对绿色转型及大健康产业发展状况和热点问题进行年度监测与实证研究的智库报告，是相关领域的重要研究成果。历经 20 余年的发展，社会科学文献出版社出版的绿色发展与健康中国类皮书出版总量达 622 部，占皮书出版总量（4971）的 12.5%，已成为相关领域研究的重要成果载体，为政府决策和相关行业发展提供了重要参考资料。

随着绿色发展理念的提出及健康中国战略的实施，该类皮书关注的范围和细分领域也逐步扩大。现从 1998~2022 年出版的皮书中遴选出 622 部绿色发展与健康中国类皮书，其中绿色发展类皮书 435 部，健康中国类皮书 187 部。本报告以这 622 部皮书为研究对象，对其出版概况、特点、研创质量、规范性进行分析，同时对近年来绿色发展与健康中国类皮书关注热点、研究态势等进行探究，并对其出版价值进行阐述，提出该类皮书高质量发展的建议，旨在提供更细化的皮书研创方向，为美丽中国、健康中国建设推出更具价值的智库成果提供借鉴和方向性指导。

一 绿色发展与健康中国类皮书出版统计分析

（一）绿色发展类皮书出版概况

1. 绿色发展的内涵与研究对象的界定

绿色发展是以效率、和谐、持续为目标的经济增长和社会发展方式。它有广义和狭义之分。狭义的绿色发展是指人与自然的和谐发展；广义的绿色发展指以生态文明为价值取向，积极转变传统发展方式、生产方式、消费观念等，努力实现经济、社会的可持续发展，促进资源利用和环境保护，真正实现人与自然的和谐以及人的全面发展。

自 1998 年"农村经济绿皮书"《1997～1998 年：中国农村经济形势分析与预测》问世以来，绿色发展类皮书出版数量呈总体增长趋势。本报告从广义出发，对 1998～2022 年已出版的皮书进行遴选，选出 435 部绿色发展类皮书，其中涉及生态保护、新兴产业、循环经济、节能环保产业、绿色生产生活方式、应对气候变化等多个方面。

2. 绿色发展类皮书出版分析

1998 年，由中国社会科学院农村发展研究所、国家统计局农村社会经济调查司联合研创的"农村经济绿皮书"《1997～1998 年：中国农村经济形势分析与预测》问世。随后，由中国社会科学院旅游研究中心研创的"旅游绿皮书"（2002）、由中国社会科学院中国经济技术研究咨询有限公司研创的"能源蓝皮书"（2006）、由上海社会科学院研创的"上海蓝皮书-资源环境"（2006）、由自然之友研创的"环境绿皮书"（2007）、由中央财经大学中国煤炭经济研究院研创的"煤炭蓝皮书"（2008）、由中国社会科学院城市发展与环境研究中心研创的"气候变化绿皮书"（2009）等相继出版。从农村经济、生态旅游到能源、环境、气候变化，从城市资源环境到全球应对气候变化，形成了一批国内较早关注"绿色"发展动态的研究成果。随着"绿色"成为新发展理念之一，大众对绿色发展领域的关注度越来越高，同时，社会科学文献出版社皮书出版平台地位凸显，越来越多的研创团队加入皮书研创队伍。到2022年，首次出版的绿色发展类皮书已经发展到110种，其中2010~2016年首次出版的皮书品种数增长比较稳定，为4~6种；2017~2022年增长迅速，首次出版品种数合计达67种，占全部首次出版的绿色发展类皮书的60.9%，特别是2021年，首次出版的绿色发展类皮书为14种，达到峰值（见表1）。

表1 1998~2022年绿色发展类皮书首次出版年份统计

单位：种

年份	1998~2009	2010	2011	2012	2013	2014	2015	2016	2017	2018	2019	2020	2021	2022
数量	7	5	6	6	5	4	5	5	10	12	12	9	14	10

注：由于1998~2009年中各年份出版品种较少，甚至部分年份没有首次出版的，故合在一起进行统计。

资料来源：根据出版研究院/皮书研究院数据整理所得。

如表2所示，2022年出版绿色发展类皮书为49部，占2022年版皮书出版总量462部的10.6%。2002年首次出版的"旅游绿皮书"、2006年首次出版的"上海蓝皮书-资源环境"、2009

年首次出版的"气候变化绿皮书"都比较持续和稳定，保持每年度 1 部，连续出版在 14 部及以上。连续出版 5 年及以上的皮书有 23 种，占 2022 年版绿色发展类皮书总量的 46.94%；连续出版 3~4 年的皮书系列有 6 种，占 12.24%。此外，"世界能源蓝皮书""旅游安全蓝皮书""湖南蓝皮书-生态文明""新能源汽车蓝皮书""甘肃蓝皮书-文化和旅游"等也保持了持续和稳定的出版形势。总体来看，绿色发展类皮书出版数量在不断增加，且连续性保持相对稳定。

表 2　2022 年绿色发展类皮书出版情况

单位：部

序号	皮书系列名	研创单位	首次出版年份	出版部数
1	绿色金融蓝皮书-全球绿色金融	中央财经大学财经研究院、中央财经大学绿色金融国际研究院、中央财经大学-北京银行双碳与金融研究中心	2022	1
2	绿色金融蓝皮书	中央财经大学财经研究院	2021	2
3	世界能源蓝皮书	中国社会科学院大学（研究生院）国际能源安全研究中心	2013	10
4	世界茶业蓝皮书	中智科学技术评价研究中心、福建茶叶学会、北京林业大学	2017	2
5	氢能汽车蓝皮书	中国汽车技术研究中心有限公司	2018	5
6	核能发展蓝皮书	中国核能行业协会、中智科学技术评价研究中心、中核战略规划研究总院	2018	5
7	水利风景区蓝皮书	福建农林大学	2015	8
8	北极蓝皮书	中国海洋大学	2017	6
9	黄河生态文明绿皮书	北京林业大学	2021	2

序号	皮书系列名	研创单位	首次出版年份	出版部数
10	旅游安全蓝皮书	华侨大学旅游学院、华侨大学旅游安全研究院、中国旅游研究院旅游安全研究基地	2012	11
11	海洋社会蓝皮书	中国社会学会海洋社会学专业委员会	2015	6
12	河北蓝皮书－旅游	河北省社会科学院、河北省文化和旅游厅	2020	3
13	山西蓝皮书－能源	山西省社会科学院	2022	1
14	北京旅游绿皮书	北京旅游学会	2012	9
15	气候变化绿皮书	中国社会科学院－中国气象局气候变化经济学模拟联合实验室	2009	14
16	生态文明绿皮书－中国特色生态文明建设	中国特色生态文明智库、中国特色生态文明建设与林业发展研究院	2022	1
17	能源蓝皮书－中国能源发展前沿	中国社会科学院工业经济研究所	2022	1
18	河南蓝皮书－能源	国网河南省电力公司经济技术研究院、河南省社会科学院	2017	6
19	乡村旅游绿皮书	北京第二外国语学院旅游科学学院、华南理工大学旅游管理学系	2022	1
20	黄河流域发展蓝皮书	中共中央党校（国家行政学院）	2021	2
21	红色旅游蓝皮书	北京第二外国语学院旅游科学学院	2021	2
22	吉林文旅绿皮书	吉林省社会科学院、吉林省旅游协会、吉林省文化企业商会	2019	4
23	遥感监测绿皮书	中国科学院空天信息创新研究院、中国科学院科技战略咨询研究院、中智科学技术评价研究中心、机械工业经济管理研究院、国家遥感中心	2017	5

序号	皮书系列名	研创单位	首次出版年份	出版部数
24	低碳发展蓝皮书-中国碳标签发展	中国电子节能技术协会低碳经济专业委员会、中国碳标签产业创新联盟、山东财经大学中国国际低碳学院、广东省低碳产业研究院	2022	1
25	低碳发展蓝皮书-中国碳排放权交易市场	山东财经大学中国国际低碳学院	2022	1
26	低碳发展蓝皮书-福建碳达峰碳中和	国网福建省电力有限公司经济技术研究院	2021	2
27	海洋文化蓝皮书	自然资源部宣传教育中心、福州大学、福建省海洋文化研究中心	2019	4
28	文旅蓝皮书	清华大学影视传播中心、紫金文创研究院、南开大学新闻与传播学院、CC-Smart 新传智库、全联旅游业商会	2019	4
29	钢铁产业蓝皮书	世界钢铁发展研究院	2022	1
30	中国大运河蓝皮书	聊城大学运河学研究院、世界运河历史文化城市合作组织	2018	5
31	文化旅游绿皮书	西北民族大学管理学院、西北民族大学创意管理研究中心	2022	1
32	重庆生态绿皮书	重庆社会科学院生态安全与绿色发展研究中心	2021	2
33	农村人居环境绿皮书	农业农村部沼气科学研究所	2021	2
34	中国节能汽车蓝皮书	中国汽车工程研究院股份有限公司	2016	7
35	黄河流域蓝皮书	青海省社会科学院	2020	3
36	海洋经济蓝皮书	中国海洋大学	2018	3
37	可持续发展蓝皮书-中国可持续发展	中国国际经济交流中心、美国哥伦比亚大学地球研究院、阿里研究院、飞利浦（中国）投资有限公司	2018	5
38	祁连山生态绿皮书	兰州大学跨学科研究团队	2018	5

序号	皮书系列名	研创单位	首次出版年份	出版部数
39	上海蓝皮书-资源环境	上海社会科学院	2006	17
40	湖南蓝皮书-生态文明	湖南省人民政府发展研究中心	2011	12
41	低碳发展蓝皮书-中国碳达峰碳中和	国家电力投资集团有限公司、中国国际经济交流中心	2021	2
42	工业和信息化蓝皮书-新兴产业	国家工业信息安全发展研究中心	2022	1
43	邮轮绿皮书	上海国际邮轮经济研究中心、上海工程技术大学、中欧国际工商学院	2014	9
44	新能源汽车蓝皮书	中国汽车技术研究中心、日产(中国)投资有限公司、东风汽车有限公司	2013	10
45	甘肃蓝皮书-文化和旅游	甘肃省社会科学院	2013	10
46	四川蓝皮书-生态建设	四川省社会科学院	2015	8
47	四川蓝皮书-农业农村发展	四川省社会科学院	2018	5
48	文化蓝皮书-中国普洱茶产业	云南大学国家文化和旅游研究基地	2020	2
49	旅游绿皮书	中国社会科学院旅游研究中心	2002	21

资料来源：根据出版研究院/皮书研究院数据整理所得。

为了进一步优化、提升皮书质量，形成皮书的良性出版机制，社会科学文献出版社建立了皮书准入和淘汰机制，2014年出台了《社会科学文献出版社关于皮书准入与退出的若干规定（试行）》。出版社分别于2014年、2016年、2019年、2020年、2021年公布了共计434种因出版滞后或内容质量较差被淘汰的皮书名单。经过统计，绿色发展类皮书在六个批次的名单中累计淘汰 34 种（见表 3），其中 2021 年淘汰率最低，淘汰 4 种，占比为 3.88%。

表 3　2014~2021 年绿色发展类皮书淘汰数量统计

单位：种，%

淘汰批次	淘汰总量	绿色发展类皮书淘汰总量	绿色发展类皮书淘汰总量占比
第一批（2014 年）	44	4	9.10
第二批（2014 年）	27	2	7.41
第三批（2016 年）	46	2	4.35
第四批（2019 年）	162	14	8.64
第五批（2020 年）	52	8	15.38
第六批（2021 年）	103	4	3.88
合计	434	34	7.83

资料来源：根据出版研究院/皮书研究院数据整理所得。

3. 出版皮书内容分类分析

绿色发展研究跨学科分布，涵盖面广，本报告在参考社会科学文献出版社皮书系列大类分类的基础上从细分领域作了内容分类，这样有助于对绿色发展类皮书进行深入的横向观察。绿色发展类皮书可分为生态环境、生态经济、政策体制、全球治理四个研究领域（见图 1）。其中生态环境包括国土空间、生态保护、重点区域等。生态经济包括新兴产业、节能环保产业、循环经济、绿色生产生活方式等。1998~2022 年，在首次出版的 110 种绿色发展类皮书中，生态环境和生态经济两个领域皮书较多，分别为 27 种和 68 种，占比分别为 24.55%、61.82%（见图 2）。

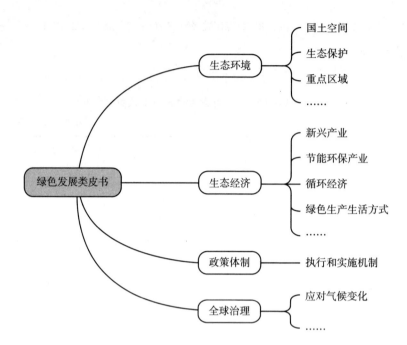

图1　绿色发展类皮书内容细分模式

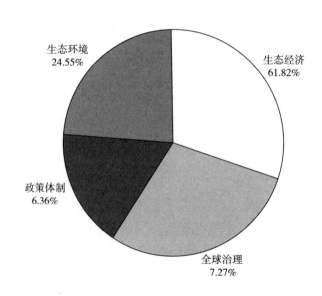

图2　绿色发展类皮书分类占比

4. 绿色发展类皮书报告数量分析

1998~2022 年，绿色发展类皮书按照报告出版总量进行统计，共出版 6047 篇，平均每部皮书含报告数量约 13.9 篇。1998~2008 年，皮书报告年均出版数量保持两位数以内；从 2009 年开始，皮书报告年均出版数量均为三位数，并且 2021~2022 年增长迅猛，如表 4 所示。

表 4　1998~2022 年绿色发展类皮书报告出版情况

单位：篇

序号	出版年份	出版数量
1	1998	15
2	1999	15
3	2000	20
4	2001	17
5	2002	35
6	2003	40
7	2004	44
8	2005	17
9	2006	43
10	2007	61
11	2008	66
12	2009	119
13	2010	101
14	2011	144
15	2012	203
16	2013	248
17	2014	276
18	2015	413
19	2016	313
20	2017	463
21	2018	495
22	2019	579

序号	出版年份	出版数量
23	2020	584
24	2021	931
25	2022	805
合计		6047
平均每部皮书含报告数量		13.9

资料来源：皮书数据库。

（二）健康中国类皮书出版概况

1. 健康中国的内涵与研究对象的界定

健康中国原指中国政府致力于构建全民健康的发展战略，旨在保障全体人民的身心健康和医疗卫生权益，提高人民健康水平，助力全面建设社会主义现代化国家。本报告所指的健康中国是在中国范围内有关医疗、健康、养老、养生等领域的学术研究，尤其指的是智库研究。那么，如何实现健康中国呢？第一，加强医疗卫生建设。政府应积极引导、支持和规范医疗卫生建设，加强医护人员的培养和队伍建设。第二，推动医疗卫生改革。加强公立医院和基层卫生院的改革和人才培养，建立和完善医疗保险制度。第三，加强疾病预防和控制。应积极加强疾病防治的科研和技术创新，预防和控制常见病。第四，促进健康知识普及和教育。政府应积极推动全民健康教育普及，提高人民的健康意识，引导人民养成健康的生活习惯，提高全民健康素养。上述实现健康中国的路径，恰恰反映了健康中国研究的对象，比如医疗卫生建设、医疗卫生改革、疾病预防和控制、健康知识普及与教育等。

2. 健康中国类皮书出版分析

自 2004 年《中国医疗卫生发展报告》作为第一部健康中国类皮书出版以来，健康中国类皮书出版数量不断增加，到 2022 年年底，共出版 51 种 187 部。根据 2022 年出版的健康中国类皮书出版情况（见表 5）可见，2014 年首次出版的"药品流通蓝皮书"、2015 年首次出版的"健康城市蓝皮书-北京"、2016 年首次出版的"输血服务蓝皮书""养老金融蓝皮书""医院蓝皮书-中国医院竞争力"等皮书出版比较持续和稳定，均出版了 5 年以上，其中由中国医药商业协会组织研创的"药品流通蓝皮书"连续出版了 9 年。2018 年以来，"健康杭州蓝皮书""健康老龄化蓝皮书"等也保持了持续和稳定的出版形势。2004 年以来，健康中国类皮书的种类每年稳定增长，特别是 2015 年党的十八届五中全会首次提出推进健康中国建设以后，该皮书系列快速增长。除 2018 年外，2015~2022 年首次出版品种在 3~6 种，2018 年，首次出版的健康类皮书为 9 种，达到峰值（见表 6）。

表 5　2022 年出版的健康中国类皮书出版情况

单位：部

序号	皮书系列名	研创单位	首次出版年份	出版部数
1	心理健康蓝皮书	中国科学院心理研究所	2018	3
2	健康杭州蓝皮书	杭州市健康城市指导中心、杭州师范大学	2018	4
3	输血服务蓝皮书	中国输血协会	2016	7
4	健康保险蓝皮书	国家金融与发展实验室、上海健康医学院	2019	3
5	医疗器械蓝皮书-中国医疗器械行业数据	《中国医疗设备》杂志社	2020	2

续表

序号	皮书系列名	研创单位	首次出版年份	出版部数
6	医疗器械蓝皮书–中国医疗器械行业发展	中国药品监督管理研究会	2017	6
7	深圳养老服务蓝皮书	深圳健康养老学院	2022	1
8	医院蓝皮书–中国医院竞争力	广州艾力彼医院管理研究中心	2016	7
9	医院蓝皮书–中国智慧医院	广州艾力彼医院管理中心	2022	1
10	医改蓝皮书–中国医改发展	中国医学科学院	2020	3
11	中医药传承创新蓝皮书	广州中医药大学	2020	3
12	医疗蓝皮书	中国研究型医院学会移动医疗专业委员会、中国社会科学评价研究院、中关村华医移动医疗技术创新研究院	2021	2
13	医疗卫生蓝皮书	中国老年学和老年医学学会口腔保健专家委员会	2022	1
14	医疗保障蓝皮书	中国社会保障学会	2020	3
15	卫生健康蓝皮书	中国国际经济交流中心、中国医药集团有限公司、飞利浦（中国）投资有限公司	2022	1
16	医务社会工作蓝皮书	中国社会工作教育协会医务社会工作专业委员会	2022	1
17	健康管理蓝皮书	中关村新智源健康管理研究院、中南大学健康管理研究中心	2018	5
18	制药工业蓝皮书	中国化学制药工业协会	2018	5
19	健康老龄化蓝皮书	西南交通大学国际老龄科学研究院	2017	4
20	中医药蓝皮书–全球中医药	北京中医药大学、清华大学、上海交通大学、中国中医科学院、国家中医药管理局	2022	1
21	养老金融蓝皮书	中国养老金融50人论坛	2016	7
22	老龄蓝皮书	中国老龄科学研究中心	2013	5
23	药品流通蓝皮书	中国医药商业协会	2014	9

序号	皮书系列名	研创单位	首次出版年份	出版部数
24	健康城市蓝皮书-北京	中国医药卫生事业发展基金会、北京市健康促进工作委员会、首都社会经济发展研究所、北京健康城市建设促进会、北京民力健康传播中心、北京健康城市建设研究中心	2015	7

资料来源：根据出版研究院/皮书研究院数据整理所得。

表6　2004~2022年健康中国类皮书首次出版年份统计

单位：种

年份	2004	2011	2012	2013	2014	2015	2016	2017	2018	2019	2020	2021	2022
出版品种	1	1	5	1	1	5	5	5	9	3	4	6	5

资料来源：根据出版研究院/皮书研究院数据整理所得。

3. 健康中国类皮书报告数量分析

2004~2022年，健康中国类皮书按照报告出版总量进行统计，共出版2936篇，平均每部皮书含报告数量约15.7篇。2004~2014年，皮书报告年均出版数量保持在两位数以内；从2015年开始，皮书报告年均出版数量均为三位数，并且2021~2022年增长迅猛（见表7）。

表7　2004~2022年健康中国类皮书报告出版情况

单位：篇

出版年份	出版数量
2004	48
2006	21
2007	24

出版年份	出版数量
2008	28
2009	31
2011	7
2012	98
2013	52
2014	70
2015	145
2016	177
2017	266
2018	407
2019	349
2020	352
2021	437
2022	424
合计	2936
平均每部皮书含报告数量	15.7

资料来源：皮书数据库。

二 热点分析

词频分析能够通过盘点热词来观察某一特定领域的研究发展动向，本报告对 2022 年版绿色发展类和健康中国类皮书报告的题目、关键词分别进行了词频分析，以便观察相应领域皮书报告的研究热点。报告使用 3d 词云图在线热词分析工具计算热词权重并生成词云图，再根据热词结果进行分析，为更准确地分析核心词，在分析过程中删除了一般性高频词，如"我国""中国""问题"等。

1. 绿色发展类皮书

热词分析显示，2022 年绿色发展类皮书研究热点问题有生态、绿色、能源、乡村、低碳等。同时从图 3 中还可以看到燃料电池、碳达峰、碳中和等热词，这体现了皮书研究在低碳经济、新兴产业等方面也有较广涉及。根据词频可以发现，这些问题是与党的二十大以来推动绿色发展关注的热点相契合的，充分体现了绿色发展类皮书的前沿性、前瞻性与时效性。

图 3 2022 年绿色发展类皮书关键词

2. 健康中国类皮书

热词分析显示，2022 年健康中国类皮书研究的热点问题有健康、中医药、药品、医疗器械等。随着健康中国战略的推进及老龄化问题的日益凸显，健康、养老问题越来越被关注。相应地，体现在研究热点中就是关于健康的医院、医药、中医药、医疗、产业等，关于养老方面主要有服务、社会工作、养老金等，以及健康城市，如北京市、深圳市等。此外，从词云图中还可以看到智慧医疗、数字化医疗等，体现了皮书在关注传统医疗的同时，对医疗卫生产业数字化也有关注与研究，该类研究有助于促进医疗卫生事业高质量发展。从图 4 中显示的热点也可以发现，养老问题很大程度上是基于健康需求的，因此除服务、社会工作等之外，健康、中医药、医保体系等也是该领域所关注的热点。

图 4　2022 年健康中国类皮书关键词

三　写作规范及编写要点

为进一步规范皮书，提升皮书质量，笔者在 2023 年第二十三次全国皮书年会的"中国式现代化图景中的绿色发展与皮书研创"和"中国式现代化图景中的健康中国与皮书研创"两个分论坛上进行了皮书写作规范及要点的分享，特别是就皮书研创需关注的问题、如何打磨成一本优质皮书等进行了详细介绍。下面根据皮书编写规范做一具体梳理。

（一）皮书内容构成

皮书作为连续性出版物，其撰写需遵循一定的规范，有基本的构成要素。在编写过程中有些要素是必要的，有些要素是可选的。作者团队在编写皮书过程中可根据书稿情况而定。具体来看，皮书的核心要素包括丛书名和书名、编辑委员会名单、主要编撰者简介、全书中英文摘要、全书中英文关键词、单篇报告中英文摘要、单篇报告中英文关键词、单篇报告作者简介、中英文目录、正文、附录等。其中附录是可选项，其他为必要项，附录中可包含该研究领域的重要政策文件、行业标准、大事记、指标体系等。

（二）皮书写作规范

在皮书写作过程中，各核心要素都是有明确要求的。第一，丛书名和书名。丛书名由研究主题和颜色构成，如"环境绿皮书""经济蓝皮书"等；书名由研究主题和年份（或序号，或同时有序号和年份）构成。第二，编辑委员会名单。该部分包括顾问（可选）、主任、副主任、编委（课题组成员），其中主任、副主任可由主编、副主编担任。第三，主要编撰者简介。包括主编、副主编、编委会主任、课题组组长等的简介。基本信息应包括姓名、单位、职称、职务、学术经历、主要社会兼职、主要研究方向、主要研究成果（尤其是与本课题相关的研究成果）。第四，摘要。全书摘要应包括全书重点资讯及主要结论，字数一般在1000字左右；单篇报告摘要应突出报告主要内容以及核心观点，一般在300~500字。第五，关键词。全书和单篇报告关键词都应为 3~5 个，写在全书摘要或单篇报告摘要的后面；关键词应为名词或动名词，切忌使用通识性词语，如形势、预测、分析等。第六，单篇报告作者简介。该部分应包括作者姓名、学位、单位、职务、职称、主要研究方向等。要求语言简练，且全书格式体例一致。第七，正文。皮书的正文大部分应包含以下内容：该行业领域本年度现状的介绍分析；该行业领域本年度存在的突出问题以及面临的挑战；为了应对这些问题与挑战，提出具有可操作性的对策建议；预测下一年度的行业发展趋势。第八，附录。附录内容不能超过全书内容的 10%（以页面字数计算）。

（三）皮书编写要点

一部皮书一般可分为总报告和分报告，采取总分模式。总报告代表课题组的观点，对全书所有分报告具有统领作用，所以每个课题组应高度重视总报告。每部皮书可以有一篇或两篇总报告。总报告应由皮书主编或主要负责人亲自参与、执笔。分报告是总报告中具体问题的深入分析和预测，紧紧围绕总报告展开。分报告作者应包括本研究领域内的主要知名专家。每篇分报告应有该专题的权威、前沿观点。无论是总报告还是分报告，其中的正文数据、图表均需要注明资料来源，每篇报告也必须包含脚注或者参考文献。

除了正文内容，还要重点关注封面和封底。软精装的皮书封面有前后勒口（硬精装无前后勒口），前勒口为研创单位简介或本皮书的起源、宗旨、目标等，后勒口为相关皮书推荐；皮书封底的核心内容是封底文字，这部分文字是读者了解皮书的窗口，应反映本书的核心观点和核心数据，以 300 字左右为宜。

就全书整体而言，一般框架设置以 3~6 个栏目为宜，成书页码以 350 页以内为宜。全书还要进行学术不端检测，内容重复率应控制在 40% 以下。全书引用资料要全面，数据要权威，语言切忌套话、空话。全书摘要撰写时还要注意提炼全书亮点，为媒体宣传作必要准备。

四　绿色发展与健康中国类皮书研创建议

（一）重点关注具有全国借鉴意义的绿色发展案例

改革开放以来，中国把节约资源和保护环境确立为基本国策，把可持续发展确立为国家战略，大力推进社会主义生态文明建设。党的十八大以来，在习近平新时代中国特色社会主义思想指引下，中国坚持绿水青山就是金山银山的理念，坚定不移走生态优先、绿色发展之路，促进经济社会发展全面绿色转型，建设人与自然和谐共生的现代化，创造了举世瞩目的生态奇迹和绿色发展奇迹，美丽中国建设迈出重大步伐[①]。

绿色发展实践的成功案例，在全国范围内并不少见，比如荒漠变绿洲的典范——塞罕坝、长江十年禁渔、"绿电"点亮北京冬奥会。塞罕坝案例对西北荒漠地区环境改善具有较强借鉴意义，长江禁渔案例对我国多条河道环境整治也具有参考价值，

---

① 《人民网评：让绿色成为美丽中国最鲜明、最厚重、最牢靠的底色》，人民网，2023 年 1 月 20 日，http://opinion.people.com.cn/nl/2023/0120/C223228-32610773.html。

"绿电"点亮冬奥会给新能源在大型室外活动中应用作了表率。如果在文章选题过程中将类似绿色发展成功案例的具体做法、实施过程以类比的方式呈现出来，并且给出具有针对性和可行性的实施方案，或许对其他地区环境治理主管部门或者执行部门有较好的帮助。

（二）重点关注老龄化问题在中国的解决方案

人口老龄化是指 65 岁及以上人口占总人口的比例不断增加的现象。根据联合国的标准，65 岁及以上人口占总人口比例超过 7% 即为老龄化社会，超过 14% 即为高龄化社会。截至 2021 年底，中国 65 岁及以上人口已达 20056 万人，占总人口的 14.2%。与 2020 年相比，65 岁及以上人口增加了 992 万人，占比上升 0.7 个百分点①。这意味着中国已经进入老龄化社会，而且老龄化程度进一步加深。随着人口老龄化的加剧，社会将面临更多挑战。首先是养老问题。老年人口增加，养老需求增加，但养老体系建设滞后，养老服务不足。其次是医疗问题。老年人容易患上各种慢性病，医疗资源不足，医疗费用高昂。还有就业问题。随着年龄增长，老年人就业机会减少，退休后收入来源单一。

面对以上问题，虽然我国政府积极应对，不仅投入大量资金加强养老服务设施建设，也加大力度培养了一批养老服务人才；医疗方面，政府也提高了医疗资源配置效率，推动医疗服务普惠化。但是到了执行层面，还有很多需要完善的地方。比如我国各

---

① 《王萍萍：人口总量保持增长　城镇化水平稳步提升》，国家统计局网站，2023 年 2 月 2 日，http://www.stats.gov.cn/sj/sjjd/202302/t20230202_ 1896587.html。

地都建有大量养老服务机构，但令老年人满意的机构较少，一线服务人员业务水平不高、一线人员薪酬偏低、企业服务意识不强等问题仍普遍存在。在相关领域皮书撰写的过程中，作者团队更应关注本地老龄化方面的具体问题，深入养老机构进行调研，分析存在的具体问题，为当地政府相关部门提供行之有效的对策建议，使养老服务事业真正做到令人民满意。

（三）对策建议的强操作性应是智库类文章的重点

智库报告的目的是为决策者和公众提供分析、评论和建议，帮助他们更好地处理问题。智库报告应该具有客观性和可操作性，即分析、建议和推论要清晰、无偏见和具有实用性。可以说，智库报告中的对策建议是整个报告的核心，也是整个报告的落脚点。目前有一部分绿色发展和健康中国类的皮书报告是将经验分享作为重点，有的是将问题摆出来，但是没有给出解决方案，还有一部分是展望了未来发展方向，但是没有写明具体路径。党的二十大报告中明确指出，要"推动绿色发展，促进人与自然和谐共生""推进健康中国建设"。同时，"建成健康中国""美丽中国建设目标基本实现"被列入2035年远景目标。因此，作为智库产品的皮书仍需在此领域继续发力，为美丽中国、健康中国建设贡献智慧。皮书报告还需要进一步完善，特别是在对策建议方面，应重点关注所提建议的可操作性。笔者建议该领域皮书报告作者应通过在某一细分领域或者某一地区的深入调查和翔实分析，为决策部门提供可实操的建设性意见，真正发挥皮书的资政作用。

参考文献

高世楫、陈健鹏：《十八大以来我国绿色发展进展、经验与展望》，《中国发展观察》2022 年第 10 期。

谢曙光：《提升行业皮书研创出版质量　助推行业高质量发展》，载谢曙光主编《新时代的皮书：未来与趋势》，社会科学文献出版社，2019。

谢曙光主编《皮书手册：写作、编辑出版与评价指南》（第四版），社会科学文献出版社，2020。

杨菊华：《智慧康养：概念、挑战与对策》，《社会科学辑刊》2019 年第 5 期。

皮书研创助推中国区域国别研究新发展

张晓莉*

摘　要： 随着区域国别学成为一级学科，中国的区域国别研究发展迎来新的历史时期，国别区域与全球治理类皮书数量呈增长趋势。本文系统梳理了中国区域国别研究发展历程、主要研究力量，集中分析了以皮书为代表的国别区域与全球治理类智库报告发展状况与存在的问题，并提出了国别区域与全球治理类皮书研创要点。在此基础上，本文提出了以皮书为抓手，整合区域国别研究的知识体系，体现区域国别学的跨学科特色；培育学术增长点，促进对重大战略问题的创新性研究和在空白领域的开拓；对内搭建起人才培养的平台，对外形成学术交流的平台，助推中国区域国别研究学术共同体建设。

关键词： 皮书　智库报告　区域国别研究　学术共同体

---

* 张晓莉，博士，副编审，社会科学文献出版社区域国别学分社社长，研究方向为美国外交史。

区域国别研究，是针对特定国家或者区域的人文、地理、政治、经济、社会、军事、外交等进行的全面深入研究，具有全面性、深入性、及时性和战略性等特征。进入 21 世纪以来，中国全方位外交布局深入展开，特别是"一带一路"倡议提出后，中国的区域国别研究迎来了新时代：区域国别研究机构大量涌现，研究队伍日益壮大，研究成果数量倍增。2022 年 9 月，区域国别学成为交叉学科门类下的一级学科，区域国别研究被纳入教育部哲学社会科学知识体系建构和高校咨政服务能力提升工程。

相较于其他学科，区域国别学在基础研究之上更强调应用性，研究机构的智库身份也被特别关注。在这种情况下，以总结年度国别或地区发展状况、分析当下热点问题、预测未来形势发展为宗旨的智库报告，成为区域国别研究成果的重要形式之一。本报告在对我国区域国别研究发展历程、主要研究力量及其研创年度智库报告情况进行系统梳理的基础上，集中分析以皮书为代表的国别区域与全球治理类智库报告发展状况与存在的问题，提出国别区域与全球治理类皮书研创要点，以及皮书研创对于推进我国区域国别研究的重要价值和发展建议。

一　中国区域国别研究发展状况概述

（一）中国区域国别研究发展历程简要回顾

区域国别研究起源于民族国家的诞生，不同国家间的相互交往产生了相互了解的需求。早期这种需求更多地表现为各类以描写异域风情为主的个体记载，直到近代，在西方确立了以研究亚洲和非洲（主要是北非）地区历史、经济、语言、文学、艺术及其他物质、精神文化为主的综合性学科——东方学和以研究中国语言、历史和文化为主的汉学；而在同时期的中国，则是以魏源的《海国图志》为代表的中国人"开眼看世界"开始，越来越多的外交官、学者将有关外部世界的知识介绍给国人。随着世界各国交往日益密切，相互了解的需求也日益强烈，并且与国家基于自身安全、对外交往、贸易往来等的利益考量相交织。特别是在第二次世界大战结束以后，基于对海外世界的划分，现代意义上的地区研究（Area Studies）在美国蓬勃发展，以满足其对美国国土之外知识的需要。尽管美国的地区研究很快走上了学科化的发展道路，但从其发展历程来看，政策需求一直是主要推动力量。

在中国，区域国别研究的发展同样与国家发展的内外部环境变化息息相关。20 世纪五六十年代，经国务院批准在中国科学院及全国高校建立了一批研究国际问题的机构，重点搜集、整理、编译有关外国问题的资料，侧重于亚非拉国家和地区研究以及革命史、民族主义研究，以满足当时国家对外交往的需求。改革开放后，随着中国对外经贸合作、人文交流频繁，国家对外部世界的研究也更加重视，区域国别研究获得新的发展，主要表现在中国社会科学院国际问题研究力量的齐备，以及有关世界大国的研究得到加强。进入 21 世纪后，世界多极化格局深入发展，中国大国地位显著提高，国际国内形势发生重大变化，在教育部相关政策驱动下，中国的区域国别研究进入新阶段。从 1999 年开始，教育部在全国 66 所高校相继设立了 151 个人文社科重点研究基地（科研院所），其中国际问题研究方面的有 9 个。2013 年"一带一路"倡议提出后，区域国别研究迎来发展新契机，区域国别研究的对象开始向着"全覆盖"的目标发展。2011 年、2012 年，教育部推出"国别和区域研究培育基地"项目，42 家研究机构入选；2015 年教育部印发了《国别和区域研究基地培育和建设暂行办法》，395 家研究机构获得备案①；国内高校纷纷成立"一带一路"研究院、区域国别研究院、国际组织学院，致力于培养复合型、国际化人才。随着区域国别学成为交叉学科门类下的一级学科，国内掀起了新一轮的区域国别研究高潮。各类研究项目及中外人文交流项目更是数不胜数，与此相关的智库报告、学术论文、研究专著等成果大量涌现，区域国别研究成为当下中国显学。

（二）中国区域国别研究主要研究力量

尽管受国内外环境变化的影响，区域国别研究在各个发展阶段表现出不同的特点，但从研究力量来看，每个阶段都包括中央各部委直属研究机构、全国社科院和全国高校三个系统。由于在区域国别研究领域，学界向来就有对世界各国及地区发展状况和国际热点议题进行年度总结与分析，对未来发展趋势进行预测的传统，因而分属上述三个系统的很多研究机构都研创、出版有此类年度智库报告，社会科学文献出版社将其定义为"皮书系列"。现将三个系统研究力量发展特点及其研创、出版年度智库

---

① 许涛：《努力开创教育开放发展新局面》，中华人民共和国教育部网，2017 年 12 月 21 日，http://www.moe.gov.cn/jyb_xwfb/moe_2082/zl_2017n/2017_zl73/201712/t20171221_322106.html。

报告的情况总结、梳理如下。

1. 中央各部委直属研究机构

出于外事工作的需要，在中央外事工作委员会之下，各部委如外交部、国防部、国家安全部、商务部、中联部等或者设置有专门的研究室，或者设置有直属的专业研究机构，对国际形势和外交政策中的重大问题进行战略研究，对国际事务中重要的现实和热点问题进行及时分析，提供决策参考。这类研究机构主要服务于所属部委的实际工作需求，在现实问题研究方面具有优势。其中，有代表性的综合研究机构当属中国国际问题研究院和中国现代国际关系研究院。

从研究机构设置和研究领域来看，中国国际问题研究院侧重于国际形势与中国外交的研究，倾向于通过活动、公开出版物等对外发声，主办有《国际形势和中国外交蓝皮书》系列智库报告。中国现代国际关系研究院侧重于对世界各国、各地区的研究，覆盖面更为广泛，更多是提供内部参考和信息搜集，公开出版有《国际战略与安全形势评估》《美国大势》系列智库报告。相较于其他区域国别研究力量，这两个机构在现实问题研究及资料储备方面都占有优势；从内部运作上来讲，两者在承接各部委委托课题的同时，都以内部课题、内部成果为主，资政报告的数量和质量是研究人员考评的主要指标。

2. 全国社科院系统

与中央各部委直属研究机构相比，同样作为国家级高端智库，中国社会科学院兼具中国哲学社会科学研究的最高学术机构和综合研究中心的身份，国际研究队伍齐备，是中国区域国别研究的中坚力量。概括而言，中国社会科学院主要通过以下几种方式推动中国的区域国别研究：（1）承担国家哲学社会科学规划重点研究项目、国家有关部门提出或委托的研究任务，以及根据国家建设和学科发展需要，确定院重点项目和所重点项目；（2）以学术著作、科学论文、调查研究报告、资料翻译和文献整理等形式向社会各界提供科研产品；（3）对内通过主办高水平的学术期刊，管理、组织各学术活动，促进学术共同体的建设；（4）对外充分利用学术机构的便利条件，广泛开展对外学术交流。

社会科学文献出版社的国别区域与全球治理类皮书最早起源于中国社会科学院国际研究学部各所发布的国际和地区年度形势报告，截至目前，中国社会科学院国际研究学部共研创皮书 19种。中国社会科学院国际研究学部研创皮书起步时间较早，无论从出版数量还是从持续性来看，都处于领先地位。从研创内容和范围来看，中国社会科学院国际研究学部研创的皮书已经覆盖世界主要区域和大国；从研创质量和影响力来看，这些皮书基本能够代表当下中国学界对世界主要区域的研究水平，且有皮书已连续在国外出版发行。

就地方社会科学院而言，虽然数量众多，但设置区域国别研究机构的并不多，相应地在研创年度智库报告系列方面参与度不高。据不完全统计，全国 21 家地方社科院设置区域国别研究机构的共计 45 个：从成立时间来看，多为早期成立机构的延续；从研究区域来看，地缘因素较为明显，如广西社科院、云南省社科院对南亚、东南亚地区和国家的研究，东北地区社科院对东北亚地区和国家的研究。在研创年度智库报告系列方面，广西社科院研创的"越南蓝皮书"、云南省社科院研创的"南亚蓝皮书""东南亚蓝皮书"都已连续出版多年。"一带一路"建设与地方发展密切相关，从这个意义上讲，地方社科院在区域国别研究领域的作用还有待进一步加强，特别是在发挥地缘优势，促进地方层面的中外合作研究与交流方面还有很大的发展空间。

3. 全国高校系统

20世纪50～80年代，在中央外事工作委员会指导下，经国务院批准全国一些高校先后成立了国际政治系或国际问题研究机构，为后来全国高校区域国别研究发展奠定了基础。随着国内人文社会科学研究环境的改善，1999年教育部人文社会科学重点研究基地的设立进一步推动了国内国际问题研究的发展。这些基地成立时间早，基本创办有期刊或集刊，以此为平台推动相关研究的开展。自教育部推行哲学社会科学发展报告项目以来，各基地开始研创年度性的智库报告，但各报告差异较大，近几年研创动力不足。

"一带一路"倡议的提出为区域国别研究发展提供了新的契机，教育部先后推出"国别和区域研究培育基地"项目和"国别和区域研究（备案）中心"项目，共计437家研究机构入选①，除437家之外，全国各高校还设有诸多的省级、校级区域国别研究机构，研究力量可谓空前发展。由于新增区域国别研究机构数量众多，现仅就教育部备案的437家机构作简要分析。

教育部备案的437家国别和区域研究基地或中心共涉及168所高校，范围较为广泛，除综合类高校之外，财经、农业、科

---

① 此数据包括42家教育部"国别和区域研究培育基地"和395家教育部"国别和区域研究（备案）中心"。据统计，经过几年发展，教育部"国别和区域研究（备案）中心"现有453家。

技、理工、民族、海洋、地质类等高校都有涉及，这充分体现了区域国别研究的跨学科属性，多学科研究力量的加入，有助于多领域研究成果的产出。从入选机构数量来看，拥有5家以上教育部备案基地或中心的高校共计22所，其中外语院校7所。非外语院校当中，区域国别研究机构也多设在外语学院下面，外语院校成为此次区域国别研究热潮的主力军之一。这与全国外语院校的转型有关，也体现了区域国别研究的另一个重要特点，即掌握对象国语言成为研究开展的前提条件，利用对象国语言写成的文献资料进行的研究应予以大力提倡。

从研究对象来看，教育部备案的437家国别和区域研究基地或中心基本覆盖了世界所有主权国家和地区以及重要国际组织。从研究机构涉及的国际组织、区域和国别分布来看，有关美洲、非洲的研究力量比较弱，大洋洲研究机构较多与澳大利亚研究机构较多相关；国际组织研究整体偏弱，研究机构数量相对多的是东盟、金砖国家、欧盟和亚太经合组织；区域研究较为发达，除传统区域研究之外，开始向更小地理范围的次区域，以及以语言为纽带的国家共同体发展；国别研究发展态势明显，大国、周边国家、热点国家研究仍是重点，中小国家研究未来还有很大增长空间。

与中央各部委直属研究机构和全国社科院系统研究机构不同，高校的区域国别研究机构人员同时承担教学任务与科研任务，科研任务侧重理论研究、基础研究，期刊论文、研究专著在其职称评定中占据核心位置，相应地其研创年度性智库报告比例较低。2021年社会科学文献出版的国别区域与全球治理类皮书共计43部，参与研创机构60家，其中教育部备案的国别和区域研究基地或中心 15 家，占比为 25%，其中研创数量较多的为北京外国语大学、广东外语外贸大学①。然而，与 437 家的机构总量相比，参与研创的 15 家机构占比仅为 3.43%（其他出版社出版的此类智库报告数量极少，未纳入统计）。该状况的存在，既与区域国别学研究属于新兴学科、发展不成熟，高校区域国别研究机构成立时间较短有关，也与现行学术评价体系，以及区域国别年度智库报告研创难度较大相关。

二 以皮书为代表的国别区域与全球治理类年度智库报告发展状况与存在的问题

年度智库报告是区域国别研究成果产出的主要形式之一。国别区域与全球治理类智库报告也是社会科学文献出版社皮书系列按内容分的六大类当中的一类，每年出版六七十种，占全部皮书系列的比例保持在 10% 左右。下文就社会科学文献出版社国别区域与全球治理类皮书发展状况、存在的问题作集中分析。

（一）国别区域与全球治理类皮书发展状况

社会科学文献出版社国别区域与全球治理类皮书根据选题涉及范围可以分为国别类皮书、区域类皮书、国际问题与全球治理类皮书，截至目前这三个小类各占该大类的 1/3。区域类皮书已覆盖全球主要区域，基本达到饱和状态，开始向次区域发展，但发展空间有限，需要慎重考虑，如果区域性不是很突出，不能从

---

① 谢曙光主编《智库成果蓝皮书：中国皮书发展报告（2022）》，社会科学文献出版社，2023。

区域的视角出发，仅就区域内国别情况做梳理汇总，在国别类皮书日益增多的情况下，这实际上会造成资源浪费。国别类皮书主要大国均已涉及，近几年向地区大国、热点国家、中等国家发展，种类增长较为明显，但选题策划时也要注意综合考虑研究对象国家的年度发展情况、数据获取难度，及其在世界格局、中国外交布局中的位置和意义。国际问题与全球治理类皮书涉及议题较多，还有较大发展空间，但研创难度较大，需要注意选择时效性强的议题，并且考虑其是否具有可持续性。

从研创机构来讲，中国社会科学院智库参与研创时间最早，研创机构数量长期稳定，主要增长体现在高校及高校智库的参与上，每年有近 20 家教育部备案的国别和区域研究中心参与皮书研创。从皮书报告作者来看，每年具有副高级及以上职称的作者占比接近一半，随着区域国别学成为一级学科，青年学者和研究生参与此类皮书研创呈增长趋势。这一方面为皮书发展带来新的活力，另一方面也要求皮书主编加强把关。国别区域与全球治理类皮书鼓励、提倡外籍学者加入，但比例要适当控制，且建议尽量邀请外籍作者参与涉及对象国内部问题的报告撰写，同时注意报告观点、数据不能与课题组的相冲突，提高对译文质量的要求。

从皮书报告的选题来讲，对象国或地区的年度政治、经济、外交状况仍是重点，一般涉及政治选举与政党变化、新政府的改革举措、年度经济数据、国际形势变化、双边或多边关系等内容。新冠疫情发生以来，全球公共卫生与医疗相关议题大增，疫情影响下的各国经济发展与社会民生成为重点议题。乌克兰危机带来的国际格局演变，及其对各国的影响也是当下和未来几年的热点议题。另外，数字经济、科技发展、环境保护、粮食安全、国际移民等新兴议题近几年也呈现明显增长趋势。"一带一路"建设、周边关系等相关议题，因国内关注度高，在皮书报告中也占有相当的比例。

（二）国别区域与全球治理类皮书发展存在的问题

随着区域国别研究的日益兴盛，国别区域与全球治理类皮书增长趋势明显，特别是高校国别和区域研究中心纷纷提出新的皮书项目规划，未来一段时间该类皮书仍将保持这一增长势头。但从长远来看，该类皮书发展受到各方面限制，仍存在以下几方面问题。

1. 连续性与时效性问题

连续性是皮书的六大特征之一，对某一国家或地区发展状况的持续观察、数据累积与追踪研究也是该类皮书的价值所在。相比较而言，社科院系统研究机构研创的皮书机构属性较强，课题组人员、经费来源都比较稳定，且与研究人员日常工作关系密切，所以连续性较好；而高校系统研究机构研创的皮书，与主编个人关系较大，课题组人员、经费来源都不够稳定，且在高校教师工作任务量考核中所占比例较小，所以能够连续出版5年及以上的不多。近几年，涉及外交方面重要工作选题被列入出版物重大选题备案范围，国别区域与全球治理类皮书内容审核趋严，在一定程度上也影响了该类皮书的连续性，同时也影响了该类皮书的时效性。

时效性也是皮书的六大特征之一，主要体现在数据资料最新、出版时间及时、发布时间适时三方面。国别区域研究本身就带有很强的时效性，该类皮书报告除了汇集研究对象国家和地区最新发展数据之外，更多地与国际热点议题相联系，考虑到当下国际形势变化莫测，时效性对于该类皮书来说尤为重要。皮书研创需要持续的经费投入、人力投入，更需要有持续的学术积累作基础，还需要研创人员熟悉国家外交布局，有相当的现实敏锐性和政策领悟力，从而确保该类皮书内容为国家所需，按时出版，切实发挥其资政功能。

2. 内容质量问题

内容质量提升是所有皮书都需要考虑的问题，也受多方面因素的影响、制约，比如学科发展的成熟度、研创机构的重视程度、主编的组织协调能力、课题组成员的学科素养与时间投入，以及研创团队对皮书研创规范的了解与执行程度，等等。就国别区域与全球治理类皮书来讲，主要还是学科发展的问题。世界主要地区和大国研究相对成熟，大国以外的国别研究和次区域研究还比较薄弱；从属于世界历史、国际关系的区域国别研究相对成熟，针对区域国别内部问题的跨学科研究还在起步阶段。相应地，从事区域国别研究的人数虽然一直在增长中，但其中相当一部分是新转入的，且以青年学者居多。这就决定了该类皮书内容质量的提升与学科发展还需要经历较长时间磨合。

3. 学术评价问题

皮书作为智库报告的主要形式之一，在高校系统并没有得到足够的认可，这与现行的高校学术评价体系密切相关。当前高校科研成果评价以国家级项目、核心期刊论文、研究专著为主要指标，智库成果不能在绩效考核、科研奖励尤其是职称评定等方面体现应有的价值，对报告类的智库成果缺乏科学、公允的评价与考核标准，存在"唯批示论"问题。这无疑会严重影响高校教师撰写智库报告的积极性，也极大地限制了高校智库潜力的发挥。具体到皮书研创上，其主要表现就是高校教师参与皮书研创的积极性不高，即使参与，在其任务排序和投入度方面也不高，导致报告质量不佳，或者拖稿严重。

三　国别区域与全球治理类皮书研创要点

皮书作为一种特定的出版形态，其研创出版有着特定的规范要求。为了确保皮书的质量，社会科学文献出版社皮书系列从选题策划、准入论证、框架设计到稿件编校、印制发行、市场推广、评价评奖，形成了一个完整的流程，每个环节都做了细致安排。同时还出版有不断修订的《皮书手册：写作、编辑出版与评价指南》，其第二部分"研创规范"和第三部分"出版规范"，对皮书研创基础、研创者、皮书名称、篇章架构、摘要、关键词、体例及用法，以及引文、注释和参考文献等，都提出了十分细致的规范标准。下面结合区域国别研究学科特点，具体分析国别区域与全球治理类皮书研创要点。

1. 关于皮书选题及框架设置

皮书选题应充分考虑皮书年度性、时效性和连续性特点，注意国别类、区域类、国际问题与全球治理类皮书之间的区别。国别类皮书紧紧围绕国家发展状况，在涉及地区问题或是全球议题时，要突出国别的视角。区域类皮书描述的是地区发展状况，其国别篇和专题篇在分析各国形势和问题时，应注意放在整个地区背景下考量，也可做些区域内国别的比较，以凸显共同性或者差异性。国际问题与全球治理类皮书按照国际议题设置，国别或地区在某种程度上更像是案例，目的是阐明或分析该国际议题。研创机构在考虑皮书选题的时候，只有充分了解这三小类皮书的特点及其相互关系，组织撰写皮书报告时才能各有侧重。另外，研创机构还应结合自身的优势学科、优势领域及未来发展规划来确定选题，这样既能保证皮书质量，又能体现研创机构特色。

皮书框架设计应从整体性出发，既有相对固定的内容设置，也有灵活调整的空间预留。一般而言，皮书框架设计包括总报告、分报告和专题报告三大部分。在确立皮书整体性方面，总报告至关重要，不能仅对全书内容进行总结、概括，还要对全书起到提纲挈领、高屋建瓴的统帅作用。总报告在对区域国别年度发展总体趋势高度概括的基础上，提出当年度应当重点关注的领域或问题，并对下年度发展趋势进行预测。需要注意的是，总报告对各个领域要有总体性判断，不需要作细节性描述，与各领域形势的分报告相区别，避免内容重复。分报告是对年度区域国别政治、经济、社会、外交形势的持续追踪，框架结构、撰稿人都可以相对固定，这有助于保证皮书的时效性和连续性。

专题报告是对年度主题所做的分层次、分领域、多角度解读，或做年度热点分析，或做深度的专题研究，是可以灵活设置的部分。专题报告可根据主题设"篇"，但要注意在皮书年度主题规划下保持有机逻辑关系，各篇间有清晰严谨的区分，各篇下属研究报告与主题一致，避免主题相近的报告被分到不同篇之下。专题报告选题应避免过于宏大或者空泛，可以从具体问题入手，适当前溯，最后落脚当下，阐述该问题对于当下研究对象国或区域发展的影响。专题报告作者不固定，但需要注意避免出现同题反复论述、背景重复交代、概念界定和观点数据不一致等问题，避免因此影响皮书的权威性。

2. 关于优秀皮书报告的标准

皮书报告属于智库研究报告，与学术论文、理论文章、工作报告、新闻评论、年鉴等都不同，不需要对学术背景、理论范式、分析模型等进行过多描述，不能写成各部门文件汇编或是年度事件汇总，更不能只说好话、大话，沦为一般宣传工具。一篇优秀的皮书报告往往具有以下几方面特征。

（1）问题意识突出，在问题意识引导下，观察年度形势，解析热点事件，研判发展趋势。特别是那些具有较高价值的、重大的、战略性的、关系国计民生的热点和难点问题，更能体现皮书报告的价值。

（2）有一手数据支撑，且数据要尽可能使用最新年份数据；数据来源权威可靠，尽量使用官方统计数据和权威调查数据；对数据有甄别和分析。具体到国别区域与全球治理类皮书，尤其应该在资料甄选与数据引用方面下功夫，这也是国别区域与全球治理类皮书研创的难点。由于世界各国和地区在经济发展程度、国家治理水平以及语言文化等方面的差异，获得一手资料和数据的难易程度也各不相同，对于中小国家和不发达地区而言，更多地要依靠联合国、世界银行、国际货币基金组织等第三方发布的数据，这就存在数据滞后或不一致的问题，需要结合研究对象国和地区的整体状况加以甄别、纠正与补充说明。

（3）具体到写作方面，论证过程层层深入，各部分篇幅均衡，逻辑关系紧密，具有很强的整体性。案例性资料具有足够的代表性，基于案例的分析和判断不存在以偏概全的问题。立场客观，术语专业，语言平实，不存在过于主观性的论断或是带有感情色彩的评述。

3. 关于敏感问题的处理

皮书是基于学术研究的应用对策性成果，具有很强的资政功能。这就决定了皮书研创要紧跟国内外最新形势，政策解读要慎重，相关表述要与国家大政方针保持一致。国别区域与全球治理类皮书虽然关注的是世界各国或地区的发展状况，但在国内国际形势联系日益密切的当下，该类皮书在国内外都比较受关注，在研创、撰写过程中应特别注意以下几方面。

第一，对相关问题的分析是否会关联到国内问题，是否与当下国内相关政策精神和最新解读相一致。例如，涉及中外关系的报告以系统梳理、客观介绍为主，重点是交流与合作；关于中国对外投资的数据，数据引用尽量选取政府部门或官方媒体发布的数据，引用其他媒体报道或者中方企业或公司的数据需要核实，不宜罗列太多的项目且不要过于详细，特别是能源、矿业、水电项目，要注意其对研究对象国和地区的影响。

第二，对相关问题的分析是否与我国当下的官方外交口径相一致。例如，关于俄乌冲突，尽量用乌克兰危机，以客观介绍为主，不作主观评论，不作过细描述；涉及其他国家对俄乌双方态度的，也以客观介绍为主，引用外方资料，如果原文措辞比较激烈或者使用了感情色彩比较强的形容词、程度副词，不宜原文直译，要作适当修改，弱化语气，保持行文平实。另外，不要过度解读中央政策、领导人讲话，在论述中国对外关系时不要泛化使用"命运共同体"，要严格依据我国政府相关文件进行表述。

第三，有关对象国内部问题的分析是否会引起对象国的异议。关于对象国的内部负面问题，像腐败问题、家族丑闻、恐怖袭击等，表述尽量笼统，不必详细展开介绍。对于外国领导人的评价，不使用不严谨、带有个人感情色彩的形容词。涉及两个及以上国家的论述要注意是否客观中允，避免存在偏向，避免引起国家间的争议。

第四，引用外媒材料特别是外方智库的观点要慎重，注意辨别其观点的代表性和倾向性，明确标注其引用出处，避免被认为是报告作者的观点或是报告作者认同外方观点。

四　以皮书为抓手助推区域国别研究新发展

经过二十多年的发展，皮书已经成为一种成熟的出版形态。国别区域与全球治理类皮书与区域国别学学科发展相契合，成为区域国别研究的重要成果形式。在区域国别学学科建设与发展的新征程中，皮书作为抓手的推动作用将进一步显现。

首先，以皮书为抓手，可以进一步整合区域国别研究的知识体系，体现区域国别学的跨学科特色。当前区域国别学学科体系建设缺少统筹规划和原创性规划，研究对象仍以主要大国和发达地区为主，发展中国家和相对落后区域研究力量薄弱、成果产出较少；研究内容仍以政治外交等国关国政问题为主，历史、民族、宗教、经济、科技、法律等众多领域的研究还有待加强。这种各自为战、碎片化的研究远远不能满足当前国家战略发展需求。皮书是关于某个国家或地区、某个国际议题的综合性专门研究，除传统的政治、经济、外交、安全议题之外，更关注跨领域、跨学科、跨部门问题的交叉研究，搭建起了一个跨界研究、融合研究的学术平台，有助于促进对研究对象国或区域自身发展逻辑的认识与理解，拓宽区域国别研究的广度和深度。从这个意义上讲，皮书研创可以推动、引领区域国别研究，成为区域国别研究的基石。

其次，以皮书为抓手，培育学术增长点，促进对重大战略问题的创新性研究，以及在空白领域的开拓。新时代区域国别研究与我国国家发展紧密相连，全国高校国别和区域研究中心作为国家智库，需要加入政策网络，承接各级政府及政府职能部门、企事业单位、社会团体等委托研究的课题，皮书为这类课题结项成果的转换与发表提供了平台，并邀请、吸引不同领域专家学者参与研讨，在一定程度上推动了对重大战略性问题的创新性研究。除战略问题研究之外，考虑到新媒体时代全球联系的密切性，皮书报告选题开始向社会民生、科技教育、环境生态、健康卫生、数字经济、人工智能等领域开拓，对于新成立的研究机构来讲也是重要的发展机遇。另外，外语院校研究机构和外语专业特别是小语种专业人才加入该领域皮书研创，对于丰富对象国的一手文献资料，打破"西方中心论"，构建中国特色的区域国别研究也大有益处。

最后，以皮书为抓手，对内搭建起人才培养的平台，对外形成学术交流的平台，从而助推区域国别研究学术共同体建设。繁荣的学术共同体一直都是学术发展和智库建设的基础，高效的研究团队更是研究机构发展的关键。皮书研创强调课题组的关键作用，课题组的青年学者能够在参与皮书研创过程中快速成长。一方面，青年学者通过持续追踪某一国家或地区在某一领域的发展状况，可以积累研究数据，进而明确研究方向，发掘研究主题；另一方面，青年学者通过撰写皮书报告，可以锻炼内容提炼与逻辑分析能力，进而提高资政报告写作水平。对于研究机构来讲，在皮书课题组建设和皮书研创过程中，也实现了人才培养和学术梯队建设，为机构可持续发展奠定了基础。

以皮书为平台，皮书研创机构还可以邀请非本单位的机构和学者加入，形成大大小小的学术共同体，每年通过皮书选题会、统稿会、发布会等来进行学术交流，甚至同其他国外高水平大学进行交流与合作，提升该领域研究的广度和深度。当前，全国区域国别研究机构数量众多，水平参差不齐，如何进行差异化发展，避免资源浪费？如何形成合力，攻坚克难？这一方面取决于国家的顶层设计，需要主管部门科学合理的政策规划；另一方面有赖于健康良好的学术共同体，促进相互启迪、学科互补与交叉融合。

展望未来，在皮书这个开放性平台上，必将汇聚各方面的区域国别研究力量，实现多学科、跨学科的交叉与融合，共同致力于该领域皮书的质量提升，共同呼吁将智库报告纳入学术评价体系，共同构建繁荣的学术共同体，助推中国区域国别研究新发展。

参考文献

谢曙光主编《皮书手册：写作、编辑出版与评价指南》（第四版），社会科学文献出版社，2020。

谢曙光主编《智库成果蓝皮书：中国皮书发展报告（2022）》，社会科学文献出版社，2023。

谢曙光主编《智库成果蓝皮书：中国皮书发展报告（2021）》，社会科学文献出版社，2021。

谢曙光主编《智库成果蓝皮书：中国皮书发展报告（2020）》，社会科学文献出版社，2020。

谢曙光主编《智库成果蓝皮书：中国皮书发展报告（2019）》，社会科学文献出版社，2019。

罗林主编《区域国别学学科建构与理论创新》，社会科学文献出版社，2023。

文化传媒类皮书的研创与出版

路　红*

　　摘　要：本报告从出版概况、研创单位、综合评价与影响力等层面，对2022年版53种已出版的参加评价的文化传媒类皮书进行了分析，提出当前皮书面临选题有待优化、滞后出版有待改进、内容质量有待提升、社会影响力有待加强等问题并给出相应建议。本报告认为，文化传媒类皮书研创应向着前瞻性、合理性、科学性、创新性的方向发展。具体建议为：响应国家政策，选题聚焦中国重大理论和现实问题；做好皮书出版规划，优化全生命周期流程管理；将基础理论研究与应用对策研究相结合，不断提升学术质量；积极打造立体传播体系，助力学术成果向纵深推广。

　　关键词：文化传媒　高质量发展　皮书

---

　　* 路红，社会科学文献出版社皮书分社编辑，研究方向为媒介经营与管理。

　　党的二十大提出："中国式现代化是物质文明和精神文明相协调的现代化。……我们不断厚植现代化的物质基础，不断夯实人民幸福生活的物质条件，同时大力发展社会主义先进文化，加强理想信念教育，传承中华文明，促进物的全面丰富和人的全面发展。"① 我们要深入学习贯彻党的二十大精神，坚持中国特色社会主义文化发展道路，大力发展文化事业、文化产业，深化文化体制改革，实施国家文化数字化战略，健全现代公共文化服务体系，健全现代文化产业体系和市场体系，加大文物和文化遗产保护力度，推进文化和旅游深度融合发展。作为活跃度高、备受关注的皮书种类之一，一直以来，文化传媒类皮书全面整合国内外有关文化发展的统计数据、深度分析报告、专家解读和热点资讯，以期搭建一个产学研一体化学术共同体，为中国特色社会主义文化发展道路贡献智库力量。本报告对社会科学文献出版社的 459 部 2022 年版参评皮书进行遴选，按照皮书各内容分类②，共遴选出文化传媒类皮书 53 部③。本报告对已出版的 53 部皮书的出版概况、研创单位、综合评价与影响力进行分析，面对选题有待优化、滞后出版有待改进、内容质量有待提升、社会影响力有待加强等问题，探讨文化传媒类皮书研创未来发展趋势。

---

① 《习近平：高举中国特色社会主义伟大旗帜　为全面建设社会主义现代化国家而团结奋斗——在中国共产党第二十次全国代表大会上的报告》，中国政府网，2022 年 10 月 25 日，https://www.gov.cn/xinwen/2022-10/25/content_5721685.htm。

② 皮书内容分类由出版研究院/皮书研究院根据皮书报告的研究主题划分，每年有微调。2022 年版皮书按内容共分为 11 类，分别为宏观经济与战略发展、产业经济、区域与城市经济、社会政法、文化传媒、国别与区域、国际问题与全球治理、行业及其他、地方发展-经济、地方发展-社会、地方发展-文化。

③ 参与 2022 年版皮书评价的文化传媒类皮书有 54 部，《智库成果蓝皮书：中国皮书发展报告（2022）》因由社会科学文献出版社组织编写，本报告不做统计。

一　2022 年版文化传媒类皮书
出版概况

（一）出版皮书品种数量分析

按照皮书大类，2022 年版文化传媒类皮书所属分类主要涉及全国文化传媒、地方文化传媒①两类。2022 年版文化传媒类皮书共出版 53 部，其中，全国文化传媒类皮书 31 部，占比 58.49%；地方文化传媒类皮书 22 部，占比 41.51%（见图 1）。

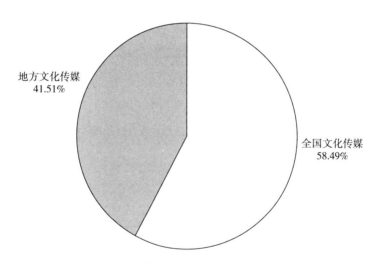

图 1　2022 年版文化传媒类皮书出版情况

资料来源：出版研究院/皮书研究院。

---

① 为方便叙述，本报告把"地方发展-文化"简称为"地方文化传媒"；类别为"文化传媒"类的皮书称为"全国文化传媒类皮书"；全国文化传媒类皮书和地方文化传媒类书统称为文化传媒类皮书。

（二）皮书报告出版数量分析

按照文化传媒类皮书中的报告出版总量进行统计，2022 年版文化传媒类皮书报告共 1003 篇，平均每种皮书含报告数量为 18.92 篇。其中，含报告 11~20 篇的皮书为 29 部，数量最多，占全部文化传媒类皮书的比重为 54.72%；其次，含报告 21~30 篇的皮书为 17 部，占比为 32.08%；含报告 31 篇及以上的皮书，仅有 2 篇（见表 1）。从皮书分类来看，全国文化传媒类皮书报告数量 569 篇，平均单部皮书含皮书报告数量为 18.35 篇；地方文化传媒类皮书报告数量 434 篇，平均单部皮书含皮书报告数量为 19.73 篇，两种类别皮书报告体量相差不大。从具体皮书来看，报告数量最多的皮书为《中国传媒产业发展报告（2022）》，报告数量为 39 篇；报告数量最少的皮书为《北京文化科技融合发展报告（2021~2022）》，报告数量为 6 篇。

表 1 2022 年版文化传媒类皮书含报告篇数统计

单位：部，%

序号	单部皮书含报告数量	皮书数量	占文化传媒类皮书总数比重
1	1~10 篇	5	9.43
2	11~20 篇	29	54.72
3	21~30 篇	17	32.08
4	31 篇及以上	2	3.77

资料来源：出版研究院/皮书研究院。

（三）皮书字数出版总量分析

2022 年版文化传媒类皮书出版总字数为 1767.8 万字，平均每部皮书 33.35 万字。其中，超过半数的皮书出版字数为 25 万~35 万字，符合《皮书手册：写作、编辑出版与评价指南》建议的字数；出版字数多于 35 万字的皮书数量也较多，为 17 部；少于 25 万字的皮书数量最少，为 7 部（见表 2）。

表 2　2022 年版文化传媒类皮书出版字数统计

单位：部，%

序号	出版字数	皮书数量	占文化传媒类皮书总数比重
1	少于 25 万字	7	13.21
2	25 万~35 万字	29	54.72
3	多于 35 万字	17	32.07

资料来源：出版研究院/皮书研究院。

（四）皮书系列连续出版情况

1. 连续出版 10 部及以上皮书分析

在 2022 年版文化传媒类皮书中，连续出版 10 年及以上皮书为 12 部，占比为 22.64%。出版部数最多的皮书系列为由清华大学新闻与传播学院研创的"传媒蓝皮书"，截至 2022 年，已出版第 19 部《中国传媒产业发展报告（2022）》，该书以全球视野紧密跟踪传媒发展前沿，用扎实数据系统研究中国传媒产业发展状况。其他系列如"新媒体蓝皮书""创意城市蓝皮书""文化科技蓝皮书"等，出版状态比较持续和稳定（见表 3）。

表 3　2022 年版文化传媒类皮书连续出版 10 部及以上数量统计

单位：部

序号	丛书名	书名	内容分类	出版部数
1	传媒蓝皮书	《中国传媒产业发展报告（2022）》	全国文化传媒	19
2	新媒体蓝皮书	《中国新媒体发展报告 No.13（2022）》	全国文化传媒	13

序号	丛书名	书名	内容分类	出版部数
3	文化科技蓝皮书	《文化科技创新发展报告（2022）》	全国文化传媒	10
4	创意城市蓝皮书	《北京文化创意产业发展报告（2022）》	地方文化传媒	12
5	北京蓝皮书	《北京文化发展报告（2021~2022）》	地方文化传媒	15
6	广州蓝皮书	《广州文化产业发展报告（2022）》	地方文化传媒	13
7	广州蓝皮书	《中国广州文化发展报告（2022）》	地方文化传媒	14
8	甘肃蓝皮书	《甘肃文化和旅游发展报告（2022）》	地方文化传媒	10
9	甘肃蓝皮书	《甘肃舆情分析与预测（2022）》	地方文化传媒	10
10	河南蓝皮书	《河南文化发展报告（2022）》	地方文化传媒	15
11	陕西蓝皮书	《陕西文化发展报告（2022）》	地方文化传媒	14
12	四川蓝皮书	《四川文化产业发展报告（2022）》	地方文化传媒	11

资料来源：出版研究院/皮书研究院。

2. 新出版皮书分析

随着人工智能、5G 等科技的发展，数字化、智能化、移动化特征加速媒体转型升级，皮书的研创和编撰团队不断聚焦文化传媒领域的新业态、新科技和新思路。"十四五"期间，我国文化事业和文化产业更加繁荣，公共文化服务体系、文化产业体系、全媒体传播体系和文化遗产保护传承利用体系更加健全，皮书的研创和编撰团队也积极关注文化遗产、国家文化公园、文旅融合、公共文化服务等重点领域。在 2022 年版文化传媒类皮书中，新出版皮书 11 部，其中全国文化传媒类皮书 8 部，地方文化传媒类皮书 3 部（见表 4），皮书的研创和编撰团队不断扩大，皮书内容更加丰富、多元。

表 4 2022 年版文化传媒类皮书新出版数量统计

序号	丛书名	书名	内容分类
1	5G 融媒体蓝皮书	《5G 融媒体应用发展报告（2022）》	全国文化传媒
2	媒介素养蓝皮书	《媒介与信息素养研究报告（2021~2022）》	全国文化传媒

序号	丛书名	书名	内容分类
3	电子竞技蓝皮书	《中国电子竞技产业发展报告（2022）》	全国文化传媒
4	长三角文化产业蓝皮书	《长三角文化产业发展报告（2020~2022）》	全国文化传媒
5	非遗蓝皮书	《中国非物质文化遗产保护年度报告（2022）》	全国文化传媒
6	文化遗产蓝皮书	《中国世界文化遗产保护状况报告（2021~2022）》	全国文化传媒
7	国家文化公园蓝皮书	《中国国家文化公园报告（2022）》	全国文化传媒
8	文化旅游绿皮书	《中国民族地区文化旅游发展报告（2022）》	全国文化传媒
9	北京非遗蓝皮书	《北京非物质文化遗产保护发展报告（2022）》	地方文化传媒
10	河南文化蓝皮书	《河南公共文化服务发展报告（2021~2022）》	地方文化传媒
11	辽宁文化蓝皮书	《辽宁文化发展报告（2021~2022）》	地方文化传媒

资料来源：出版研究院/皮书研究院。

（五）皮书出版时间分析

2022 年版文化传媒类皮书按照出版年份进行统计，如表 5 所示。73.58%的 2022 年版文化传媒类皮书会选择在当年出版，5.66%的皮书会选题提前出版，但仍有 20.75%的皮书会滞后出版，出版周期需进一步优化。

表 5　2022 年版文化传媒类皮书出版年份统计

单位：部，%

序号	出版年份	皮书数量	占比
1	2021	3	5.66
2	2022	39	73.58
3	2023	11	20.75

资料来源：出版研究院/皮书研究院。

从 2022 年当年出版的 39 部文化传媒类皮书来看，出版皮书数量较多的为 10 月、11 月和 12 月，占比分别为 17.95%、20.51% 和 15.38%；1 月、2 月无 2022 年版皮书出版；5~9 月出版数量比较均衡（见表 6）。

表 6 2022 年版文化传媒类皮书 2022 年各月出版情况统计

单位：部，%

序号	出版月份	皮书数量	占比
1	1	0	0
2	2	0	0
3	3	2	5.13
4	4	1	2.56
5	5	3	7.69
6	6	2	5.13
7	7	4	10.26
8	8	3	7.69
9	9	3	7.69
10	10	7	17.95
11	11	8	20.51
12	12	6	15.38

资料来源：出版研究院/皮书研究院。

整体而言，2022 年版文化传媒类皮书出版节奏整体较好，出版周期安排合理。但仍有少量存在滞后出版的现象。

二 2022 年版文化传媒类皮书研创单位分析

文化传媒类皮书的研创单位一般是由中国社会科学院、高校

144

及高校智库、地方社会科学院、党政部门及其智库、行业智库、社会智库、企业和企业智库组成。

（一）研创单位分析

对 2022 年版文化传媒类皮书的研创团队分析发现，高校及高校智库参与研创的皮书最多，占比约为 47.62%；其次为地方社会科学院，占比约为 22.22%；高校及高校智库与地方社会科学院参与研创的皮书占比超过 2/3（见图 2）。清华大学新闻与传播学院、北京大学文化产业研究院、北京第二外国语学院国家文化发展国际战略研究院、中山大学中国非物质文化遗产研究中心、深圳大学文化产业研究院等高校及高校智库，北京市社会科学院、广州市社会科学院、河南省社会科学院、河北省社会科学院等地方社会科学院都对文化传媒领域进行持续关注。

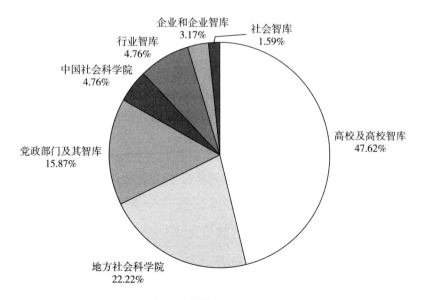

图 2 2022 年版文化传媒类皮书研创单位性质统计

资料来源：出版研究院/皮书研究院。

（二）研创形式分析

皮书的研创形式主要有两种：自主研创和联合研创。在 2022 年版文化传媒类皮书中，自主研创的皮书为 28 部，联合研创的皮书为 25 部。其中，自主研创的文化传媒类皮书研创单位仍以高校及高校智库、地方社会科学院为主；联合研创的文化传媒类皮书一般由 2~3 家共同研创，从研创单位性质来看，以高校及高校智库为主导。

三 2022 年版文化传媒类皮书综合评价与影响力分析

（一）皮书评价分析

1. 综合评价结果分析

2022 年版皮书评价指标体系包含内容质量、社会影响力两个一级指标，内容质量又包含研究主题的价值与意义、科学性、前沿性、应用性等定性指标，以及实证性、规范性、出版时间合理性等定量指标；社会影响力包含了媒体影响力和发行量两个指标。各指标等级为 A+、A、B+、B、C+、C。

2022 年版共有 53 部文化传媒类皮书参与评价，其中，综合评价结果为 A+级与 A 级的皮书为 13 部，占比为 24.53%；综合评价结果为 B+级与 B 级的皮书为 39 部，占比为 73.58%；综合评价结果为 C+级与 C 级的皮书仅有 1 部，占比为 1.89%（见图 3）。

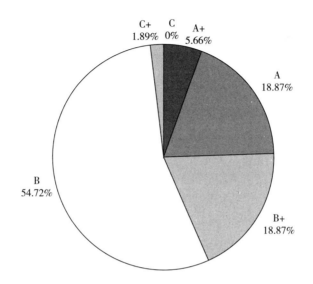

图3　2022 年版文化传媒类综合评价结果各等级占比统计

注：因四舍五入问题，各等级占比之和不等于 100%。

资料来源：出版研究院/皮书研究院。

2. 一级指标评价分析

从内容质量与社会影响力一级指标来看（见图4），在内容质量方面，约有 2/3 的皮书内容质量等级为 B+ 与 B，数量为 35 部；其次是等级为 A+ 与 A 的皮书，有 15 部，占比为 28.30%；等级为 C+ 与 C 的皮书仅有 3 部，占比为 5.66%。根据出版研究院/皮书研究院公布的 2022 年版文化传媒类皮书评价结果，文化传媒类皮书在研究主题的价值与意义、规范性方面表现突出，提升明显，所有皮书评价等级均在 B 级及以上；在科学性方面，数据的质量、价值；在实证性方面，等级为 C+ 与 C 的皮书为 10 部左右，基础理论研究与应用对策研究有待进一步加强。

在社会影响力方面，等级为 C 级与 C+ 级的皮书数量最多，为 28 部，占比为 52.83%；其次是等级为 B+ 级与 B 级的皮书为

15 部，占比为 28.30%；等级为 A+级与 A 级的皮书最少，为 10 部，占比为 18.87%。文化传媒类皮书社会影响力等级高低在很大程度上取决于媒体影响力的等级。根据出版研究院/皮书研究院公布的 2022 年版文化传媒类皮书评价结果，媒体影响力等级为 C+级与 C 级的皮书有 28 部，占比 52.83%。当前皮书成果推广更多依赖于公共媒体，而研创团队对其主导的自媒体认识不足，未形成完善的运营体系，仍有 2/3 的皮书未开通与皮书相关的微博和微信账号，此外，在皮书报告发表及引用、品牌宣传方面有待进一步加强。

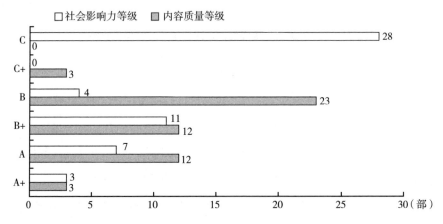

图 4　2022 年版文化传媒类皮书内容质量和社会影响力等级统计

资料来源：出版研究院/皮书研究院。

（二）皮书使用影响力分析

截至 2023 年 8 月底，2022 年版文化传媒类皮书（不含《河南公共文化服务发展报告（2021～2022）》）在皮书数据库中的浏览量为 65468 次，阅读量为 14619 次，下载量为 120466 次，总使用量为 200553 次。可以看出，文化传媒类皮书受关注度程度整体较高。

与浏览量、阅读量相比，下载量更能直观反映出皮书的受关注程度和使用情况。对 2022 年版文化传媒类皮书下载量进行分析，发现各皮书下载量差距较大，两极分化严重，且下载量集中于少数皮书。由表 7 可知，《中国传媒产业发展报告（2022）》和《中国新媒体发展报告 No. 13（2022）》下载量较高，均已突破 2 万次，《中国传媒产业发展报告（2022）》的下载量是排名第 10 的《陕西文化发展报告（2022）》下载量的 9 倍多。除传媒领域，文化发展、互联网与国家治理、文化贸易、文旅产业、三农舆情、文化金融等也是数据库用户关注度较高的领域。

表 7 2022 年版文化传媒类皮书在皮书数据库中下载量 TOP10

单位：次

排名	丛书名	书名	下载量
1	传媒蓝皮书	《中国传媒产业发展报告（2022）》	22736
2	新媒体蓝皮书	《中国新媒体发展报告 No. 13（2022）》	22230
3	北京蓝皮书	《北京文化发展报告（2021~2022）》	8342
4	互联网与国家治理蓝皮书	《互联网与国家治理发展报告（2022）》	5143
5	文化贸易蓝皮书	《中国国际文化贸易发展报告（2022）》	5017
6	文旅蓝皮书	《中国文旅产业发展报告（2022）》	4686
7	三农舆情蓝皮书	《中国三农网络舆情报告（2022）》	3566
8	广州蓝皮书	《中国广州文化发展报告（2022）》	3156
9	文化金融蓝皮书	《中国文化金融发展报告（2022）》	2480
10	陕西蓝皮书	《陕西文化发展报告（2022）》	2430

资料来源：皮书数据库。

四 文化传媒类皮书研创趋势

党的二十大提出，"从现在起，中国共产党的中心任务就是团结带领全国各族人民全面建成社会主义现代化强国、实现第二个百年奋斗目标，以中国式现代化全面推进中华民族伟大复兴"①。中国式现代化视域下的文化传媒类皮书研创，需要承担新时代高质量发展的新使命。当前，文化传媒类皮书发展面临着选题有待优化、滞后出版有待改进、内容质量有待提升、社会影响力有待加强等问题。基于上述问题，本报告认为，未来文化传媒类皮书研创应向着前瞻性、合理性、科学性、创新性的方向发展。具体体现在以下几个方面。

（一）前瞻性：响应国家政策，选题聚焦中国重大理论和现实问题

皮书研创工作要贯彻落实党中央重大决策部署，高起点谋划，高质量推进。这要求文化传媒类皮书研创要做到以下两个方面。一是关注重大国计民生问题。立足中华民族伟大复兴战略全局和世界百年未有之大变局，心怀"国之大者"。关注引领时代变革、推动经济社会发展和文明进步的重大理论问题和现实问题，聚焦提高社会文明程度、提升公共文化服务水平、健全现代文化产业体系等方面的研究。二是聚焦科技发展前沿。重点关注

① 《习近平：高举中国特色社会主义伟大旗帜 为全面建设社会主义现代化国家而团结奋斗——在中国共产党第二十次全国代表大会上的报告》，中国政府网，2022年10月25日，https://www.gov.cn/xinwen/2022-10/25/content_5721685.htm。

5G、AI、大数据等新一代移动通信技术与文化传媒领域的深度融合，把握文化传媒发展态势，追踪新科技、新成果，体现未来产业发展热点，搭建一个产学研一体化的交流平台，赋能数字化、智能化可持续发展。

（二）合理性：做好皮书出版规划，优化全生命周期流程管理

皮书作为连续性、年度性的研究成果，其每年稳定出版不仅关系着学术成果的持续输出，还关系着学术影响力的稳步提升。一是前端做好研创组织工作。以主编为核心，发挥好主编的带领和指导作用，提高作者积极性。一方面，根据学术成果发布时间，做好皮书出版计划，尽早交稿，从源头规避滞后出版问题，保证皮书按时出版；另一方面，完善研创机制，提前规划好年度主题、内容框架，及时落实全书研究的约稿、撰稿、审稿等工作，保证内容质量提升。二是后端优化出版全生命周期。一方面，出版社应直面当前工作痛点，在"三审三校"基础上，优化工作流程，合理安排书稿退改、质检、印制时间，提出整体解决方案；另一方面，出版社应直面作者需求，加强与作者沟通联动，畅通反馈机制，把好内容质量关，做好出版服务工作。

（三）科学性：将基础理论研究与应用对策研究相结合，不断提升学术质量

皮书既是智库成果的出版和传播平台，也是学术思想交流的平台。其不仅需要对行业或区域的趋势进行预判，还需要有理论基础作为支撑，将基础理论研究与应用对策研究相结合，加强皮

书体系建设与中国特色新型智库建设，不断推动智库建设与学术研究融合发展。一是要为理论研究提供数据支撑。皮书以定量研究为主，主要通过对数据的获取、分析得出结论。皮书数据来源应可靠，最好是一手数据，特别是拥有自主知识产权的一手数据。研创单位可在皮书研创的基础上构建基础数据库和成果数据库，提升积累数据的使用效率。二是要为对策研究提供科学依据。皮书以问题为导向，理论联系实际，力求反映一批文化传媒领域紧迫的、复杂的发展问题，并提出具有科学性、前瞻性、创新性、针对性的对策建议，推动理论研究与实践研究的成果转化应用，为决策和学术研究提供重要依据，为推动文化传媒类皮书高质量发展提供智力支撑。

（四）创新性：积极打造立体传播体系，助力学术成果向纵深推广

一是推广方式多元化。发布会是皮书体现价值与发挥作用的主要渠道，是皮书成果第一次对外公布的重要形式，也是扩大皮书社会影响力的重要手段。除此之外，皮书还有着更丰富和多元的宣传推广方式。如作为"两会"代表的重要参考资料，在"两会"期间进行皮书的展示和赠阅；作为相关领域的公务员培训资料，结合需求，有针对性地推荐皮书；作为全民阅读的推荐图书，结合皮书具有重要的决策参考、政策先声与投资指南等功能进行宣传推广。二是宣传平台广泛化。一方面，扩展公共媒体渠道，从传统媒体向新媒体延伸，建构立体传播体系；另一方面，加大对自媒体平台的利用度，开设与所编皮书相关的微博、微信等自媒体账号，及时发布最新动态，注重研究内容推介与产

出。三是成果转化高效化。在皮书出版发布后，作者可基于本人的皮书报告内容进行修改，并将成果发表在学术期刊中提高皮书的学术影响力。

参考文献

谢曙光主编《皮书手册：写作、编辑出版与评价指南》（第四版），社会科学文献出版社，2020。

谢曙光主编《中国皮书发展报告（2022）》，社会科学文献出版社，2021。

编辑全流程介入新皮书出版的思考

冯咏梅[*]

摘　要： 皮书作为一种特殊的智库产品，具有原创性、专业性、实证性等特点，这对皮书研创团队提出了更高的要求，其研创能力直接关系到皮书的内容质量、创新程度以及最终成果的权威性。与此同时，编辑在皮书出版中的"保驾护航"作用也不容忽视。尤其是对于新皮书来说，编辑在皮书准入、组稿、预审、编校、发布、评价等环节中的全流程介入，不仅为皮书的顺利出版提供了助力，而且为提升皮书规范性、扩大皮书影响力等奠定了坚实的基础。

关键词： 新皮书　全流程介入　皮书编辑　研创团队

皮书从专业智库起步，经过专业化、系列化、品牌化运作，

＊　冯咏梅，社会科学文献出版社经济与管理分社编辑。

已成为中国最具影响力的智库产品之一。特别是党的十八大以来，党中央高度重视新型智库建设，皮书也取得了长足的发展。目前皮书已进入高水平研创与高质量发展的新阶段。随着皮书社会影响力的扩大，越来越多的课题组希望通过以皮书的形式呈现自己的研究成果。据统计，每年有100多个单位提交皮书准入申请。相对于已出版的皮书来说，申请以皮书形式出版的选题（简称"新皮书"）需要经过更加严格的准入评审，准入通过后，再经过组稿、预审、编校等流程出版并发布。在新皮书的研创出版过程中，编辑需要发挥更加重要的作用。因此，本报告主要探讨编辑在新皮书研创出版全流程中需要扮演的角色。

一 新皮书准入前的沟通

新皮书的准入实行立项前的同行评审机制，这为从源头上控制皮书选题质量提供了保障。新皮书在准入前，编辑与主编的沟通至关重要，有助于主编了解皮书的编撰要求和出版流程，为皮书报告的撰写提供有力的支持。

（一） 明确研创主题

新皮书选题的策划一般有两种方式：一种是出版社策划选题，约请合适的主编及其研创团队进行编撰；另一种是由高校、科研院所等单位根据自己的专业领域进行策划。无论是哪种方式，编辑都要事先与主编沟通，明确皮书研创主题，并分析选题的可行性。同时，还要考虑皮书的连续性特点，既要保证主题延续也要保证年度延续，也就是要持续关注某一主题，确保以年度为时间单元发布研究成果。

（二）组建研创团队

皮书作为一种特殊的智库产品，具有原创性、专业性、实证性等特点，这对皮书研创团队提出了更高的要求，其研创能力直接关系到皮书的内容质量、创新程度以及最终成果的权威性。因此，编辑应向主编阐明皮书的特点及编撰要求，以及研创团队应具备的素质。首先，研创团队应能够挖掘新的研究视角，利用真实、准确的数据尤其是通过实地调研获得的第一手资料，针对所研究的问题进行全面、深入地分析和解读，形成有价值的观点，确保研究内容的原创性。其次，研创团队应具备深厚的学术积淀和专业知识，能够运用扎实的理论基础和专业的分析方法，确保研究过程的专业性。最后，研创团队应具备较强的研究能力和数据处理能力，能够运用统计、模型预测与分析等方法对客观数据进行实证研究，确保研究成果的实证性。此外，皮书需要持续对特定的领域进行研究，从而在读者群形成一定影响力。因此，只有组建一支专业的、稳定的研创团队，才能占据学术高地。

（三）召开开题会

编辑可参加研创团队组织的开题会。首先，编辑通过收集并了解皮书研究主题的相关资料，如研究文献、政策法规、市场状况、发展趋势等，全面了解皮书研究主题的背景，并与研创团队探讨皮书的研究目的、研究范围以及预期达到的目标，比如是分析热点并提出政策建议，还是预测行业发展趋势等，以确保研创团队的研究工作符合皮书研创的整体要求。其次，编辑与研创团队深入探讨研究主题，挖掘创新点，并从皮书规范的角度对全书

框架提出合理化建议，以提升皮书整体的学术价值。最后，编辑
了解研创团队拟采用的研究方法及数据来源等，确保研究方法科
学、数据来源可靠，从而得出具有说服力的结论。

（四）重视皮书准入

研创团队确定全书框架后，需填写"皮书准入论证表"。新
皮书准入论证有通过、暂缓、否决三种结果。准入结果为"通
过"的选题，方可进入选题论证环节；准入结果为"暂缓"的
选题，应按照评审专家的意见逐条作出修改说明，再次提交准入
申请；准入结果为"否决"的选题，一般不接受再次申报，研
创团队可选择以一般图书或其他智库报告等形式出版。

根据出版研究院/皮书研究院的统计数据，2021 年共组织专
家论证新皮书选题 182 个，其中准入论证结果为"通过"的选
题有 98 个，通过率为 53.8%；2022 年共组织专家论证新皮书
选题 125 个，其中准入论证结果为"通过"的选题有 96 个，通
过率为 76.8%（见图 1）。可以看出，相较于 2021 年，2022 年
新皮书准入选题总数虽有所下降，但通过率提升了 23 个百分点，
这说明研创团队在内容框架构建、皮书特点把握等方面的能力均
有所提升。然而，2022 年仍有 23.2%的选题由于各种原因未通
过准入论证。在 2022 年准入论证通过的 96 个新皮书选题中，一
次论证通过的有 50 个，二次论证通过的有 38 个，三次论证通过
的有 8 个。可见，新皮书准入一次通过率仅为 52.1%，准入论
证机制还是非常严格的，这也从另一个侧面说明，一次准入论证
通不过，还会有二次、三次准入论证的机会。

在新皮书准入环节，编辑应指导研创团队填写"皮书准入

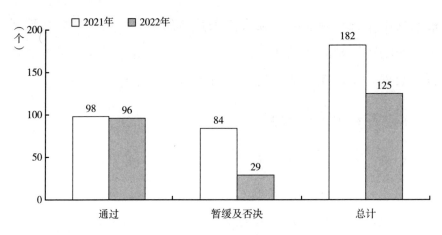

图1 2021~2022年新皮书准入论证结果

资料来源：2021年数据来自谢曙光《皮书研创出版的新趋势、新挑战、新任务》，载谢曙光主编《新征程中的皮书研创与出版》，社会科学文献出版社，2023；2022年数据来源于社会科学文献出版社出版研究院/皮书研究院内部资料。

论证表"，并对论证表中的内容进行把关。准入会召开后，编辑应及时将论证结果反馈给研创团队。准入论证通过的，由编辑进行选题填报；准入论证暂缓的，由编辑指导研创团队根据专家意见修改完善准入材料，进行二次准入论证。

二 新皮书组稿阶段的跟进

在新皮书组稿阶段，编辑的跟进工作不容忽视。编辑可参加研创团队组织的不同阶段的组稿会，关注皮书的组稿进度、确保皮书的研创质量、促进编辑与研创团队之间的有效沟通。

（一）确定组稿进度计划表

编辑可与研创团队商定皮书组稿进度计划表，将组稿过程分解为若干阶段，如框架确定、资料收集、初稿撰写、修改完善、提交定稿等阶段，并为每个阶段设定明确的时间节点。同时，编辑也要关注研创团队的组稿进度，做到及时提醒和督促，确保皮书组稿工作有序推进，在规定的时间提交高质量的报告。

（二）明确撰写规范和要求

皮书报告的撰写有其特定的规范和格式要求。总报告是皮书必备要素，也是呈现皮书主要观点、体现皮书主要价值的关键报告，总报告的质量在很大程度上决定了全书的质量。总报告的撰写除了要符合皮书的基本特点外，还要注意把握总体、突出主题、用数据说话。分报告在内容、逻辑、数据、方法及观点等方面应具备独立性，能够为读者呈现准确、全面、深入的分析结果。编辑应向研创团队详细说明撰写规范和要求，包括体例要求、语言风格、数据呈现方式、图表制作要求、参考文献格式等。此外，编辑还可以为研创团队选取成熟皮书的样章作为参考，帮助其快速掌握皮书报告写作的要点和技巧。

（三）建立有效的沟通机制

编辑可通过线上或线下方式与研创团队建立有效的沟通机制，如中期可参加研创团队组织的组稿情况汇报会，听取作者对各篇报告研究框架、研究方法、研究内容、研究结论的汇报，以便及时发现问题并提出合理化建议；末期可参加研创团队组织的组稿收尾工作会，检查皮书各要件是否齐全、各报告是否按皮书规范撰写、终稿是否能如期提交等。此外，可以建立微信群，随时对作者在撰稿过程中遇到的细节问题作出解答。如编辑可针对作者提交的报告，以批注的形式标出不规范之处及修改建议，并分享给研创团队其他成员。事实证明这种方式非常有效，能够让作者直观地掌握撰写要求，保证皮书报告的规范性。

三 新皮书预审环节的把关

皮书预审是指皮书在正式排版之前，在正常的"三审三校"流程之前对皮书报告内容的提前审核，这是检验皮书报告内容质量和规范性的重要环节。皮书预审工作主要由具备一定资质的人员对书稿从选题、框架、内容、规范性、文字等方面进行审读，并提出修改意见，以提升皮书整体质量。编辑收到研创团队交来的终稿后，应重点从以下几个方面先行对书稿进行把关。

（一）要件完备性

编辑收到书稿后，首先要检查要件是否齐全。皮书要件涉及丛书名、书名、编委会、主要编撰者简介、全书摘要和关键词、目录、总报告、分报告，以及全书和单篇报告的英文摘要、关键词。

（二）框架合理性

合理的框架有助于皮书研究内容的系统性展示，是皮书质量提升的重要保障。研创团队在组稿时可能会根据资料收集情况对事先确定好的框架做出调整，编辑要与研创团队进行沟通，了解成稿后的框架与准入时的差别，并判断全书篇章设置与研究主题是否匹配，各篇报告的研究对象是否明确、结构是否严谨等，以提高皮书框架的合理性。

（三） 文档规范性

编辑应对照皮书体例要求逐一检查书稿中每个要件的规范性。例如，全书摘要是对整本皮书内容的精练概述，字数不宜过多，应客观、简明、准确地呈现皮书的核心观点，避免主观评价、补充解释，以及对篇章结构的逐一介绍。又如，总报告可以作为独立的研究成果呈现，也可以在各个分报告主要研究发现的基础上综合提炼而成，但总报告绝不是对各个分报告的简单拼接，而是要有独立的研究目的、研究内容、研究方法和研究结论。此类不规范问题在新皮书中比较常见，编辑要引起重视，需进行重点把关。

（四） 内容原创性

原创性是皮书最核心的特点，而内容重复率检测是确保皮书原创性的重要手段。皮书预审时会由专业人员进行全书及单篇报告内容重复率的检测。皮书内容重复率检测使用知网学术不端文献检测系统完成。编辑应提醒研创团队注意，即便是本人创作的已在期刊上公开发表的内容也会计入内容重复率，有条件的研创团队可在提交终稿前自行进行内容重复率检测，以节省后续修改时间。

四　新皮书编校过程的完善

皮书预审通过后，即可进行排版，正式进入编校流程。此环节是确保皮书出版质量的重要一环，也是检验皮书内容质量和编辑编校水平的关键一步。一般来说，皮书编辑应具备中级及以上职称和责任编辑资格，且具有 3 年及以上编辑工作经验，并经过皮书编辑培训。在皮书编校过程中，编辑首先要对全书进行政治把关，确保书稿内容符合国家法律法规和政策规定，不存在政治敏感问题。同时，编辑应对内容质量进行把关，严格执行"三审三校"制度，按照出版规范对全书文字、标点符号等进行修改，对图表的呈现形式进行统一，对书稿中涉及的数据、公式等进行计算与推导，对政策文件、专有名词、引文等进行核对，确保皮书顺利通过印前质检，为市场提供高质量的智库报告。研创团队应指定专门人员与编辑建立对接关系，由专员负责对书稿疑问、封面信息等进行反馈与确认，以提升沟通效率和反馈速度。

五　新皮书出版后的发布与评价评奖

皮书作为应用对策性成果，其价值通常通过实践与政策制定等体现出来。发布会是皮书体现价值与发挥作用的主要渠道，是皮书成果对外公布的主要形式，也是扩大皮书影响力的重要手段。皮书出版后，编辑应配合研创团队筹备皮书发布会，参与皮书发布相关事宜。除了与研创团队确定皮书发布会时间、地点及参会人员，还要沟通市场部邀请媒体，必要时邀请出版社领导参会，以体现出版社对皮书研创的重视。此外，发布会新闻稿的撰写也很关键，编辑要能够挖掘皮书报告中有价值的数据、重要的发现、趋势性的分析及主要观点等，以提升皮书的权威性和传播效果。

皮书评价是对皮书出版后的内容质量、社会影响力等进行定性和定量评价。皮书评奖则是对皮书及其报告内容的充分检验，旨在奖励优秀的研创团队。编辑应向研创团队强调皮书评价的重要性，并说明如何利用皮书评价结果来提升皮书质量。在皮书评奖环节，编辑应向研创团队说明奖项申报的具体要求、评审标准和评审流程，并通过自己在编校过程中对皮书内容的理解，深入挖掘各篇报告的潜在价值和创新点，积极推荐报告参与评奖，为研创团队提供针对性的指导和建议。

六　结语

皮书因其专业性和权威性而备受关注，每年都有大量的皮书连续出版，新皮书也不断涌现。新皮书的出版，既是对现有研究成果的延续和深化，也是对某一领域新问题的及时回应。编辑在新皮书出版中的全流程介入，是新皮书顺利出版的关键保障，为提升皮书规范性、扩大皮书影响力等奠定了坚实的基础。编辑与研创团队的紧密协作，有利于推出质量更好、权威性更高的智库报告，为政府决策和社会发展提供有力的智力支持，推动皮书事业繁荣发展。

参考文献

蔡继辉：《关于皮书总报告研创的几点思考》，载谢曙光主编《皮书与智库共同体建设》，社会科学文献出版社，2020。

沈雁南：《世界百年大变局下的国别区域与全球治理类皮书研创》，载谢曙光主编《新征程中的皮书研创与出版》，社会科学文献出版社，2023。

谢曙光主编《皮书手册：写作、编辑出版与评价指南》（第四版），社会科学文献出版社，2020。

图书在版编目(CIP)数据

中国式现代化进程中的皮书研创、出版与传播／冀
祥德主编；蔡继辉副主编.--北京：社会科学文献出
版社，2024.9（2024.11重印）

（皮书研究系列）

ISBN 978-7-5228-3092-6

Ⅰ.①中… Ⅱ.①冀… ②蔡… Ⅲ.①社会科学-出
版工作-研究-中国 Ⅳ.①G239.297

中国国家版本馆 CIP 数据核字（2024）第 019337 号

皮书研究系列（10）
中国式现代化进程中的皮书研创、出版与传播

主　　编／冀祥德
副 主 编／蔡继辉

出 版 人／冀祥德
责任编辑／丁阿丽
文稿编辑／梁荣琳
责任印制／王京美

出　　版／社会科学文献出版社（010）59367092
　　　　　　地址：北京市北三环中路甲 29 号院华龙大厦　邮编：100029
　　　　　　网址：www.ssap.com.cn
发　　行／社会科学文献出版社（010）59367028
印　　装／唐山玺诚印务有限公司

规　　格／开　本：787mm×1092mm　1/16
　　　　　　印　张：10.5　字　数：123 千字
版　　次／2024 年 9 月第 1 版　2024 年 11 月第 2 次印刷
书　　号／ISBN 978-7-5228-3092-6
定　　价／98.00 元

读者服务电话：4008918866